MÁS DE JESÚS...
...¡MENOS DE MÍ!

Escrito por
David Mayorga

Publicado por

SHABAR PUBLICATIONS
www.shabarpublications.com

La mayoría de los productos de Shabar Publications están disponibles con descuentos especiales por cantidad para compras al por mayor para promociones de ventas, recaudación de fondos y necesidades educativas. Para obtener más información, escriba a Shabar Publications a mayorga1126@gmail.com.

Más de Jeús...¡Menos de Mí!
por David Mayorga

Publicado por Publicaciones Shabar
3833 N. Taylor Rd.
Palmhurst, Texas 78573
www.shabarpublications.com

A menos que se indique lo contrario, todas las citas de las Escrituras son de la versión New Kings James de la Biblia. Copyright@1979, 1980, 1982 de Thomas Nelson, Inc., editores. Usado con permiso.

Portada de este Libro. La portada del libro se colocó en este libro porque da la idea de que Jesús está abriendo el camino y nosotros lo estamos siguiendo. ¡Seguir a Jesús es una elección que se debe tomar! A menos que uno pueda realmente morir a sí mismo y comprender esta filosofía y forma de vida, seguir a Jesús no sólo será difícil, ¡sino imposible!

ISBN 978-1-955433-31-0

Nota: Esta publicación contiene las opiniones e ideas de su(s) autor(es). Su objetivo es proporcionar material útil e informativo sobre el tema tratado. Se vende con el entendimiento de que los autores y el editor no se dedican a prestar un servicio profesional en el libro. Si el lector necesita asistencia o consejo personal, debe consultar a un profesional competente. El autor(es) y el editor renuncian específicamente a cualquier responsabilidad por cualquier obligación, pérdida o riesgo, personal o de otro tipo, que se produzca como consecuencia, directa o indirecta, del uso y aplicación de cualquiera de los contenidos de este libro.

"¿Quién podrá subir al monte de Jehová?
¿O quién podrá estar en su lugar santo?
El que tiene manos limpias y corazón puro,
¿Quién no ha elevado su alma a un ídolo,
Ni jurado con engaño.
Recibirá bendición del Señor,
Y justicia del Dios de su salvación.
Este es Jacob, la generación de los que le buscan,
que buscan Tu rostro".

(Salmo 24:3-6)

TABLA DE CONTENIDO

¡ROMPE NUESTROS CORAZONES!

Enséñanos, oh, Señor, lo que realmente significa,
Para desgarrar nuestros corazones en lugar de las cosas exteriores.
Enséñanos, oh, Dios, lo que no vemos,
De nuestros corazones y de Tus caminos.

Y Padre trata con nuestros deseos carnales,
Movernos en Tu poder, pero no vivir la vida.
Amar a nuestro prójimo con todo lo que tenemos,
Y evita que nuestra lengua diga cosas que no hemos visto.

Oh, rompe nuestros corazones con las cosas que rompen el Tuyo.
Lo que sembramos con lágrimas, lo cosecharemos con alegría.
Para que podamos pasar por tu fuego refinador
Donde el quebrantamiento aguarda al otro lado.

Levanta un ejército como vio Joel,
Tu iglesia es más fuerte que nunca.

No romperán filas cuando atraviesen las vallas,
El temor del Señor será su sabiduría.

Para que lloren como lloró Jesús,
Una fuente de lágrimas por los heridos y perdidos,
Quien haya oído hablar de un ejército, oh, Dios.

Que conquistó la tierra -
¿Por llanto, luto y quebrantamiento?

Habrá un día en que las naciones se inclinarán,
Y el Señor será Rey sobre toda la tierra,
Él será el único,
y además, Su nombre será el Único.

Save Us, Oh God!
Vineyard Music (1990)

DEDICACIÓN

¡Este libro está dedicado a todos los que han hecho de Jesús Señor y Rey! A los innumerables siervos de Dios que han puesto su corazón como pedernal para perseguir la majestad y plenitud de Cristo. A todos aquellos que han puesto sus vidas para ser utilizadas por el Espíritu de Dios, sin contar sus vidas, incluso hasta la muerte.

La dedicación también va para aquellos que se han encerrado en el lugar secreto de oración e intercesión a través de innumerables noches de insomnio hasta que Cristo sea formado en la generación venidera. Estos son los siervos que han aprendido los secretos del corazón de Dios y se han entregado voluntariamente a descubrir los deseos del Padre y que, con el mismo espíritu del apóstol Pablo, están de acuerdo con él diciendo: "Pero lo que para mí era ganancia, esto lo he tenido por pérdida para Cristo. Sin embargo, también estimo todas las cosas como pérdida por la excelencia del conocimiento de Cristo Jesús, mi Señor, por amor del cual lo he perdido todo, y lo tengo por basura, para ganar a Cristo y ser hallado en él, no teniendo mi propia justicia, que es por la ley, sino la que es por la fe en Cristo, la justicia que es de Dios por la fe; para que pueda conocerle y el poder de su resurrección, y la participación de sus padecimientos, siendo conformado a su muerte, si en alguna manera puedo alcanzar la resurrección de entre los muertos". (Filipenses 3:7-11)

Para cerrar esta dedicatoria, quiero agradecer a Dios por todos los hombres y mujeres de Dios que he tenido el privilegio de conocer alrededor del mundo y que, sin que ellos lo sepan, me han impactado profundamente; también, debo agregar, a todos aquellos que han vivido sus vidas no sólo desinteresadamente sino totalmente entregados y rendidos a la voluntad de Dios, incluso cuando no era conveniente.

Por último, gracias por su perseverancia como estándar de vida en Cristo. Muchas veces fue más fácil hacer las maletas, rendirse e irse a casa, ¡pero no lo hiciste! ¡Gracias por mostrar el camino de la cruz!

INTRODUCCIÓN

Mientras adoré al Señor durante el tiempo de adoración en Oasis (la iglesia donde ministramos en Matamoros, Tamaulipas, México), el Espíritu del Señor me hizo reflexionar sobre los pensamientos escritos en el libro de Juan donde Jesús está en la fiesta. Esta historia se encuentra en Juan 7:37, 38: "En el último día, aquel gran día de la fiesta, Jesús se levantó y gritó, diciendo: Si alguno tiene sed, venga a mí y beba. El que cree en mí, como dice la Escritura, de su corazón correrán ríos de agua viva". Pero esto dijo del Espíritu que recibirían los que creyeran en él."

Jesús dijo que, si alguien en cualquier lugar y tiempo creyera, de su vientre correrían ríos de agua viva; ¡no solo un río, sino muchos ríos! Este es el diseño de Dios: que todos los que vengan a Él nunca más tengan sed de las cosas de la tierra, porque Él sería plena satisfacción y pleno gozo para todos los que entraran.

Si Él es agua viva, ¿por qué bebemos de otras cisternas? Si Él ha puesto ríos dentro de nosotros, ¿por qué no estamos contentos? ¿Por qué buscamos continuamente beber de otras cisternas en lugar de sentirnos realizados sólo en Cristo?

Quizás no hayamos probado la bondad del Señor o no hayamos vislumbrado su presencia en nuestras vidas. Quizás todavía estemos tratando de complacer la carne: ambiciones egoístas, deseos carnales o persigamos el engrandecimiento personal.

Cuando los ríos fluyen, no hay anhelo por nada más que más de esa gloria. A través de mi caminar y viaje con Dios, he descubierto que la verdadera batalla en nuestra alma comienza cuando perdemos de vista Su presencia. Sin un toque de Su presencia manifiesta, nuestras vidas se hunden en el fango del deseo carnal. Cuando esto sucede, ¡nuestras vidas comienzan a buscar sustitutos!

Una vez que perdemos de vista la revelación de que Cristo es todo lo que necesitamos, que es sólo Cristo quien llena nuestro todo y todo, comenzamos a sustituir con nuestras manos lo que perdemos en nuestra alma. Aquí es donde creo que la trampa de que uno mismo (la carne) tome el control comienza a echar raíces.

Cuando perdemos el contacto con Dios, ¡las cosas materiales se convierten en la atracción!

Cuando Cristo ya no es la prioridad, dejamos de acercarnos a Él. Si en algún momento las palabras de Cristo para usted fueron significativas, ya no captan su atención. Algo ha sucedido, y ahora buscaremos el aplauso y la aprobación de los hombres más que de Dios; Anhelamos fama, estatus y reputación en lugar de encontrar nuestra identidad solo en Cristo.

Después de que el apóstol Pedro fue lleno del Espíritu, encontró su identidad en Cristo. Escribió algunas de las palabras más descriptivas y hermosas: "Mas vosotros sois linaje escogido, real sacerdocio, nación santa, pueblo especial suyo, para que proclaméis las alabanzas de aquel que os llamó de las tinieblas a su luz admirable; los que en otro tiempo no eran pueblo, pero ahora son pueblo de Dios, los que no habían alcanzado misericordia, pero ahora han alcanzado misericordia". (1 Pedro 2:9, 10)

Mientras continuaba en adoración, reflexionando sobre todo lo que el Espíritu de Dios estaba diciendo a mi corazón, las palabras de Juan 3:30 se hicieron cada vez más fuertes. Juan el Bautista dijo: "Él es necesario que crezca, pero yo es necesario que disminuya".

Si hay algo que podemos aprender de Juan el Bautista y de la poderosa vida guiada por el Espíritu que vivió, es esto: rápidamente señaló a Cristo, el Señor. En esencia, Juan estaba diciendo: No estoy vivo hoy por mí; mi vida se trata de promover la vida de Jesús -¡nada más! Juan añade diciendo: "Yo a la verdad os bautizo en agua; pero viene uno más poderoso que yo, cuya correa de su calzado no soy digno de perder. Él os bautizará en Espíritu Santo y fuego."

En los siguientes capítulos, Dios ha puesto en mi corazón algunos principios sobre lo que significa desear más de las características de Cristo y cómo uno debe entrar en una vida de quebrantamiento más profundo. Para tener más de Jesús, uno debe morir más a sí mismo. No hay manera de evitar esto. Escucho a los creyentes clamar: ¡Jesús, dame más de Ti! Casi puedo escuchar a Jesús decir: ¡Tú, dame más de ti y tendrás más de Mí!

¡Más de Jesús...Menos de Mí! ha sido escrito para elevar al siervo hambriento de Jesús a un nivel más alto en el conocimiento de Cristo, produciendo un impacto más profundo en él y en aquellos que lo escuchan. ¡A Dios sea la gloria ahora y por siempre!

David Mayorga, *Autor*

CAPÍTULO 1

¡La Humildad Vivida Por Jesús!

"Que haya en vosotros esta misma actitud, propósito y mente [humilde] **que hubo en Cristo Jesús:** [Que Él sea vuestro ejemplo de humildad:] **el cual, siendo esencialmente uno con Dios y en forma de Dios** [poseyendo la plenitud de los atributos que hacen de Dios Dios], **no pensó que esta igualdad con Dios fuera algo que debiera ser aferrado o retenido con ansia, sino que se despojó a sí mismo** [de todos los privilegios y dignidad que le corresponde], **para asumir la apariencia de un siervo (esclavo), en ese Se hizo como los hombres y nació como ser humano. Y después de haber aparecido en forma humana, se humilló y humilló** [aún más] **y llevó su obediencia hasta el extremo de la muerte, ¡y muerte de cruz! Por lo tanto** [porque se inclinó tan bajo] **Dios lo exaltó hasta lo sumo y le dio gratuitamente el nombre que está sobre todo nombre, para que en (en) el nombre de Jesús toda rodilla (deba) doblarse, en el cielo y en la tierra y debajo de la tierra, y toda lengua** [franca y abiertamente] **confiese y reconozca que Jesucristo es el Señor, para gloria de Dios Padre".** (Filipenses 2:5-11 *Versión Amplificada*)

Después de aprender sobre la vida de quebrantamiento de Cristo, haríamos bien en explorar la idea o filosofía del quebrantamiento, su origen y cómo uno puede mantener esta vida que agrada al corazón de Dios.

Si me permiten compartir la revelación escrita en mi corazón y cómo este manuscrito llegó a buen término, intentaré enseñar cómo creo que funciona una vida de quebrantamiento y cómo los siervos de Dios vivieron de tal manera que tuvo un impacto tan poderoso.

La Actitud, El Propósito y La Mente de Dios Para Sus Siervos.

En la versión ampliada, en la carta a los Filipenses, el apóstol Pablo sacó a la luz un tema interesante: la filosofía detrás de la vida de Cristo.

Comienza diciendo: "Que haya en vosotros esta misma actitud, propósito y mente [humilde] que hubo en Cristo Jesús:

[Que Él sea vuestro ejemplo en humildad:]". En cuanto a la humildad, ¡Cristo sería nuestro modelo, sin duda! Jesús, el Rey del Universo, nos enseñó qué es la humildad.

La humildad afecta nuestra actitud, nuestro propósito y nuestra mente. Cuando entendemos la humildad desde la perspectiva de Cristo, una vida de obediencia tiene mucho sentido.

Para empezar, permítanme exponer algunas definiciones de humildad. El *Diccionario Cambridge* define la humildad como el sentimiento o actitud de que no tienes especial importancia que te haga mejor que los demás, falta de orgullo. El *Diccionario Collins* dice: "Alguien que tiene humildad no es orgulloso y no cree que sea mejor que los demás."

¡Yo personalmente defino la humildad como la actitud, el propósito y la mentalidad de poner a Dios primero en todo!

¡Jesús se humilló voluntariamente mientras estaba en el cielo!

La humildad es la actitud y forma de vida en el cielo. Toda la creación se inclina ante el Padre y cumple Sus deseos en cualquier momento y lugar. En otras palabras, el propósito de toda la creación es complacer a Dios en todas las cosas.

Como el Padre necesitaba enviar a Su Hijo Jesús a la tierra, no creo que hubiese lucha en la vida de Jesús. No creo que Jesús estuviera suplicando al Padre y diciendo: ¡No quiero ir a la tierra! ¡No quiero dejar toda mi gloria! Por favor, padre, por favor, no me envíe. No creo que haya sucedido así.

Creo que Dios llamó a Su Hijo a venir a la tierra, y Él vino voluntaria y fácilmente para complacer al Padre. Cualquier cosa que necesites que haga, Padre, ¡lo haré! dijo el corazón de Jesús.

Cuando uno sirve a Dios, uno debe hacerlo por amor a Dios, no por el hombre ni por ningún interés especial, sino por Dios y sólo por Dios, ¡para agradarle! La obediencia nacida de un corazón humilde agrada a nuestro Padre celestial.

Esto es lo que debemos aprender: la humildad es la naturaleza de Cristo. Si no podemos comprender esto, nos resultará difícil obedecer cualquiera de Sus mandamientos. Dios siempre debe ser primero.

Si el siervo de Dios aprende a caminar en humildad ante Dios, no tendrá problemas para caminar en humildad ante el hombre.

Cuando uno camina en esta sabiduría, las prioridades de nuestro reino de los cielos se llevarán a cabo sin luchar contra los impulsos del Espíritu Santo. El corazón inflexible tiene dificultad para obedecer y agradar al corazón del Padre.

¡Jesús se humilló voluntariamente mientras estuvo en la Tierra!

"El cual, siendo esencialmente uno con Dios y en forma de Dios [poseyendo la plenitud de los atributos que hacen de Dios Dios], no pensó que esta igualdad con Dios fuera algo que debiera ser aferrado o retenido con entusiasmo..."

Antes de que un hombre o una mujer de Dios pueda verdaderamente caminar y servir a Jesús, el siervo debe dar su vida para que Cristo pueda fluir sin obstáculos a través de él.

¿Podría Jesús haber argumentado y dicho: "Soy uno con Dios; por lo tanto, tengo derechos. ¿Tengo derecho a usar mis atributos de Dios y defenderme de cualquier daño que se me presente? Por supuesto, Él podría haber salido airoso de cualquier cosa que exigiera Su vida, ¡pero decidió no hacerlo!

¡Vivir para Jesús nunca se trata de nuestra voluntad, sino de la suya!

Las Escrituras dicen que Jesús dijo: "Porque he descendido del cielo, no para hacer mi voluntad, sino la voluntad del que me envió". (Juan 6:38)

Una vez cedido totalmente a los deseos del Padre, Jesús tomó la voluntad del Padre y la declaró a todos: ¡No estoy aquí en la tierra para Mí sino para Mi Padre!

¡Debemos recordar que como prioridad tú y yo estamos aquí

por y para la voluntad de Dios!

A menos que un hombre o una mujer nacidos de nuevo ponga su vida por amor a Cristo, no podrá agradar al Padre.

Aquí está la fórmula que Jesús dio. . .

¡Se Despojó!

En lugar de exaltarse a sí mismo, hizo todo lo contrario. Escuche esto: "Pero se despojó [de todos los privilegios y la dignidad legítima], para asumir la apariencia de un siervo (esclavo), en el sentido de que se hizo como los hombres y nació como ser humano. Y después de haber aparecido en forma humana, se humilló y humilló [aún más] y llevó su obediencia hasta el extremo de la muerte, ¡y muerte de cruz!"

Curiosamente, Jesús no necesitaba que nadie le dijera cuál era Su lugar. Sabía que había venido de Dios y podría haber evitado el dolor, la lucha, el odio, las amenazas y la angustia en cualquier momento dado, ¡pero no lo hizo! Las Escrituras afirman claramente que Jesús se despojó de todos los privilegios y de la dignidad que le correspondía. Su elección voluntaria fue convertirse en siervo, esclavo, y pagar el precio exigido por un Dios justo, ¡que incluía llevar la obediencia hasta el extremo de la muerte en una cruz!

La Recompensa de los Fieles Es...

"Por eso [porque se rebajó tanto] Dios lo exaltó hasta lo sumo y le dio gratuitamente el nombre que está sobre todo nombre..."

Una cosa que he notado acerca de las recompensas terrenales es que las personas siempre sirven en el mundo con una condición adjunta: se les paga por lo que hacen. ¿No es este el estándar de los sistemas mundanos?

Si el precio es correcto, la gente hará algo por Jesús. ¿Esto será reconocido por la junta de la iglesia, los miembros, los líderes, los pastores, etc.? Personas que son verdaderos servidores: ¡sirvan! ¡Esto incluye dedicar tiempo, dinero, regalos y más! Servir implica sacrificio. ¡Se trata de vivir con sencillez para que otros puedan vivir con sencillez!

¡Mi pastor solía decir que las recompensas de Dios están fuera de este mundo!

Cuando servimos humildemente a Dios, el Señor se asegurará de que nuestro valor aumente. Dios es un buen contable y controlará todo lo que hacemos, que brota de un corazón humilde y contrito. ¡Nada supera la promoción que sólo Dios puede dar!

CAPÍTULO 2

¡Sin Reservas, Sin Arrepentimientos, Sin Retiros!

"Desde entonces comenzó Jesús a declarar a sus discípulos que le era necesario ir a Jerusalén, y padecer mucho de parte de los ancianos, y de los principales sacerdotes, y de los escribas, y ser asesinado, y resucitar al tercer día. Entonces Pedro, llevándole aparte, comenzó a reprenderle, diciendo: Lejos de ti, Señor; ¡Esto no te sucederá a ti! Pero Él, volviéndose, le dijo a Pedro: "¡Apártate de mí, Satanás! Sois una ofensa para Mí, porque no os acordáis de las cosas de Dios, sino de las de los hombres". (Mateo 16:21-23)

Quiero abrir este capítulo diciendo que el estilo de vida cristiano, tal como lo practicaban nuestros primeros antepasados, difiere de la vida que se practica hoy en la mayoría de los círculos cristianos. El cristianismo actual se ha enseñado con una ideología cultural estadounidense u occidental. Es un cristianismo que propaga bendiciones propias y externas en lugar de una bendición interna.

La búsqueda del materialismo y la seguridad parece estar a la orden del día, y los predicadores que hoy ocupan los púlpitos se aseguran de que este mensaje se enseñe y predique en sus iglesias. ¿Es de extrañar que los creyentes de hoy vivan vidas espirituales muy superficiales y, como resultado, vivan en ruinas?

¡Conscientes de Las Cosas de Los Hombres!

A medida que Jesús recorría el circuito, sanaba a la gente y predicaba las Buenas Nuevas del reino, comenzó a abrirse más y más a los más cercanos a Él, sus discípulos.

Cuando comenzó a compartir cómo sería el futuro de sí mismo, Pedro lo llevó aparte y comenzó a reprenderlo. ¡Imagínese esto! "Lejos esté de ti, Señor; Esto no te sucederá a ti". Era la manera en que Pedro decía: "No permitiré que nadie te lleve a ninguna cruz. ¡Jesús, no estás muriendo!"

Por más nobles y sinceras que fueran las palabras pronunciadas por Pedro, ¡era la carne la que hablaba! Fueron los deseos carnales de Pedro los que intentaron buscar su interés. Muchas veces me he preguntado con qué frecuencia hemos defendido nuestra posición, propósito, visión, familia, ministerio o negocio para decir que "¡Dios no permitiría eso en mi vida!"

Escuche las palabras de Jesús: "¡Apártate de mí, Satanás! Sois una ofensa para Mí, porque no os acordáis de las cosas de Dios, sino de las de los hombres".

La palabra ofensa aquí significa atar una soga o tender una trampa. Esta fue la manera en que Jesús le dijo a Pedro: ¡Estás tratando de atraparme, Pedro, ¡al permitir que tu carne te gobierne! Tu carne sólo piensa en ti mismo. ¡No puede pensar en los intereses de Dios!

¡Mis Dos Naturalezas!

En la fe cristiana, una cosa que hay que saber es que hay uno de vosotros con dos naturalezas. El Espíritu que vive y cohabita con tu espíritu después de haber nacido de nuevo, y la parte carnal de ti que fue heredada desde el nacimiento.

Gálatas dice: "Pero yo digo: andad y vivid [habitualmente] en el Espíritu [Santo] [respondiendo al Espíritu, controlado y guiado por él]; entonces ciertamente no satisfarás los antojos y deseos de la carne (de la naturaleza humana sin Dios). Porque los deseos de la carne se oponen al Espíritu [Santo], y los [deseos del] Espíritu se oponen a la carne (naturaleza humana impía); porque estos son antagónicos entre sí [continuamente resistiendo y en conflicto entre sí], de modo que no sois libres sino que estáis impedidos de hacer lo que deseáis hacer". (Gálatas 5:16, 17 -*Versión Ampliada*)

Cualquiera que haya sido creyente por poco tiempo sabe que diariamente se libra una batalla constante. El espíritu y la carne están diariamente en conflicto desde el momento en que te despiertas hasta el momento en que te vas a dormir. ¡Si permaneces en este cuerpo humano, tendrás conflictos!

Ahora, este viaje con Dios se reduce a opciones. Debemos elegir Su voluntad o ser esclavizados por nuestra propia voluntad.

¡Sin Reservas!

"Entonces Jesús dijo a sus discípulos: Si alguno quiere ser discípulo mío, niéguese a sí mismo [despreciado, perdido de vista y olvidándose de sí mismo y de sus propios intereses], tome su cruz y sígame [se adhiera firmemente a mí, confórmese enteramente a mi ejemplo en la vida y, si es necesario, también en la muerte]. Porque el que se empeña en salvar su vida [temporal] [su comodidad y seguridad aquí], la perderá [la vida eterna]; y cualquiera que pierda su vida [su comodidad y seguridad aquí] por causa de Mí, la encontrará [la vida eterna]". (Mateo 16:24, 25. -*Versión Amplificada*)

Cuando un creyente viene a Cristo, lo primero que debe comprender y aceptar es ¡cuán horrible y malvado es el yo! El yo tiene una agenda: robarle su destino en Dios.

No sólo es difícil sino imposible ignorar, perder de vista y olvidar sus intereses por su propia cuenta. Para abrazar plenamente a Cristo, uno debe llegar al fin de sí mismo. ¡Aquí es donde la goma se pone en marcha!

Verá, todos pueden ir a la iglesia, a un grupo celular o a un estudio bíblico, pero no todos quieren ir a la cruz para morir.

¡No puedes aferrarte firmemente a Cristo, conformarte totalmente a Su ejemplo en la vida e incluso morir por Él si no has
muerto a ti mismo!

Ahora, si has muerto a ti mismo y te estás apegando firmemente a Él, escucharás muy claramente el latido del corazón
de la adoración y el servicio a Él.

¡Sin Arrepentimientos!

"Y estando él en Betania, [huésped] en casa de Simón el leproso, estando él sentado [a la mesa], vino una mujer con un
frasco de alabastro lleno de ungüento (perfume) de nardo
puro, muy costoso y precioso; y ella rompió la vasija y der-
ramó [el perfume] sobre Su cabeza. Pero hubo algunos que
se indignaron y se dijeron: ¿Para qué se desperdició así el
ungüento (perfume)? Porque era posible vender este [per-
fume] por más de 300 denarios [el salario de un trabajador
durante un año] y haberlo dado [el dinero] a los pobres. Y la
censuraron y reprendieron. Pero Jesús dijo: Déjala; ¿Por qué
la estás molestando? Ella me ha hecho algo bueno y hermoso [digno de alabanza y noble]". (Marcos 14:3-6. -Versión

Amplificada)

¡En Espíritu y Verdad!

Mientras estudiaba la adoración, me di cuenta de que no puedes acceder al trono a menos que el Espíritu de Dios te invite a adorar. A menos que el Espíritu de Dios inicie el deseo de adorar, no puedes venir. Viene mucha gente, pero no han sido invitadas. Entonces cantan canciones y dan ofrendas por instinto carnal, no por invitación espiritual.

Muchos han tratado de servir a Dios en la carne (intelecto). Creen que pueden ayudar a Dios haciendo buenas obras, porque se sienten capaces, inteligentes, dotados o movidos por la compasión. Permítanme decir que "si el Señor no construye la casa, en vano trabajan los que la construyen". (Salmo 127:1)

¡El Perfume Costoso!

El hecho de que a la mujer que vino a derramar su perfume ante Jesús no le importara cuánto era el regalo, dice mucho acerca de la adoración verdadera.

Darle al Señor algo que sea de gran valor para ti dice mucho de la condición del corazón de ese hombre o mujer.

Ella sintió que ofrecerle a Cristo este perfume era lo mejor que podía hacer y que Él valía todo y mucho más, por lo que lo visitó a Él y a sus discípulos. Cuando llegó a donde estaba sentado Jesús, rompió la vasija (que era muy cara), vertió el aceite de la unción de nardo (también muy caro) y ungió la cabeza de Jesús.

Una cosa que debemos notar en la adoración verdadera es esta: lo hacemos con todo nuestro corazón; ¡No traemos nada de vuelta! Cuando la mujer le dio el perfume carísimo, rompió el frasco; ella no traería ningún perfume a casa. ¡Esto es lo que yo llamo vivir una vida sin arrepentimientos! ¡Es un billete de ida al corazón de Jesús! ¿Estás viviendo de esta manera?

¿Por Qué Este Desperdicio?

Al contemplar el acto de esta mujer, no creo que su acto de adoración haya violado nada que merezca condenación y crítica. La mujer era la orgullosa dueña de un frasco de alabastro que contenía un costoso perfume, que probablemente había estado guardando para ese gran evento. Ella descubrió el Gran Acontecimiento: ¡era Jesús, el Mesías!

Había algunas personas allí que pensaban que era un gran desperdicio de aceite tan costoso, y se enojaban, diciendo, simplemente lo vas a tirar sobre la cabeza de Jesús? ¡Vamos! ¡Qué pérdida!

Este grupo de detractores no es más que la expresión de la carne en nosotros. Verás, a todos nos gusta dar porque es algo noble. ¡Pero a menudo sólo damos hasta que realmente nos cuesta algo! Cuando esto comienza a suceder, retrocedemos. Debemos discernir esto.

Miremos a esta mujer; dio lo más caro que poseía.

¡Oro para que Dios nos lleve al siguiente nivel de dar sin arrepentimientos!

¡Sin Retiros!

Una característica de un verdadero seguidor de Jesús es que el siervo no se da por vencido ni se da por vencido. El Espíritu del Señor lo guía y sabe exactamente lo que Dios necesita que haga.

Cualquiera puede decir que ama a Jesús cuando las cosas van bien, pero ¿sentirán lo mismo por Jesús cuando las cosas van mal?

De una vez por todas debemos decidir si Cristo es a quien queremos seguir. El viaje será difícil a veces, ¡pero debemos saber que este es el camino!

Si Jesús (mientras estuvo en la Tierra) decidió agradar al Padre, ¡tú y yo tendremos que hacer lo mismo y elegir!

"El Señor DIOS me ha dado
La lengua de los sabios,
Que debería saber hablar
Una palabra oportuna para el que está cansado.

Él me despierta mañana tras mañana,
Él despierta mi oído
Escuchar como los eruditos.
El Señor DIOS ha abierto mi oído;
Y no fui rebelde,
Tampoco me di la vuelta.
Di la espalda a los que me golpeaban,
Y mis mejillas a los que se arrancaban la barba;
No escondí Mi rostro de la vergüenza y de los esputos.
"Porque el Señor DIOS me ayudará;
Por tanto, no seré avergonzado;
Por eso he puesto mi rostro como un pedernal,
Y sé que no seré avergonzado". (Isaías 50:4-7)

Estas palabras hablan del Mesías aproximadamente 800 años antes de que naciera. Isaías, por revelación de Dios, compartió los pensamientos íntimos de Cristo.

¡Determinado!

"Cuando estaban llegando a su fin los días para ser llevado arriba, decidió viajar a Jerusalén". (Lucas 9:51. -La Biblia Estándar Cristiana de Holman)

Hay que estar decidido a seguir a Cristo a toda costa. Esta es una de las primeras reglas para hacer discipulado. Si un nuevo creyente no puede comprometerse a seguir la estructura de liderazgo del discipulado, ese hombre o mujer nunca será un buen discípulo de Jesús. ¡Este debe ser un requisito previo para aquellos que desean seguir a Jesús!

¡Por el Gozo Puesto Delante de Él!

"Por tanto, también nosotros, teniendo en derredor nuestro tan grande nube de testigos, despojémonos de todo peso y del pecado que tan fácilmente nos asedia, y corramos con paciencia la carrera que tenemos por delante, puestos los ojos en Jesús, el autor y consumador de la fe, el cual por el gozo puesto delante de él sufrió la cruz, menospreciando el oprobio, y se sentó a la diestra del trono de Dios". (hebreos 12:1, 2)

Finalmente, Jesús no sólo estaba decidido a seguir al Padre hasta la cruz, sino que el escritor hebreo nos dice que Jesús vio algo más: soportó la cruz, despreciando la vergüenza de ella... y presionó hasta que se cumplió la voluntad completa de Dios.

Creo que a menos que uno esté decidido a vivir una vida sin reservas, sin remordimientos por darlo todo a Jesús y sin dejar de esforzarse por cumplir la plena voluntad de Dios, ¡un hombre no encontrará placer en Jesús!

¡Dedicado a Cristo!

Para terminar, leí una historia de hace muchos años sobre la Iglesia Morava y su dedicación a servir a Jesús a cualquier precio.

Esta historia específica decía que esta iglesia tendría un alcance en una isla cercana, una colonia de leprosos. Allí sólo vivían leprosos.

Los siervos de Dios en esta iglesia morava se inscribirían para ser parte de una campaña de ayuda a los leprosos no salvos. Por supuesto, una vez que te fuiste a la isla, ¡lo más probable era que no volvieras!

Al final, la lepra se apoderaría del discípulo y lo mataría. Lo interesante de esta iglesia y sus discípulos era que cada vez que un discípulo moría, la lista volvía a aparecer en la iglesia para que nuevos siervos de Dios se inscribieran e fueran a la isla. ¡No podían esperar para registrarse!

¡Deja que esta historia llegue a lo más profundo de tu corazón!

CAPÍTULO 3

¡Deja Los Pescados!

"Y Jesús, caminando junto al mar de Galilea, vio a dos hermanos, Simón, llamado Pedro, y Andrés su hermano, que echaban la red en el mar; porque eran pescadores. Entonces les dijo: "Venid en pos de mí y os haré pescadores de hombres". Inmediatamente dejaron sus redes y lo siguieron. Pasando de allí, vio a otros dos hermanos, Santiago, hijo de Zebedeo, y Juan, su hermano, que estaban en la barca con Zebedeo, su padre, remendando sus redes. Él los llamó, e inmediatamente dejaron la barca y a su padre, y le siguieron". (Mateo 4:18-22)

¡El Mayor Privilegio!

Servir a Jesús con devoción total puede ser tanto un privilegio como un desafío de fe. Dependiendo del toque de Dios en tu vida, determinarás si es un privilegio o un desafío.

En el caso de muchos siervos de Dios, su temor, duda y falta de confianza en el Señor los han hecho reprimirse. Al reprimirme no me refiero a ayudar, ni a servir, ni a dar al Señor lo que se puede o lo que está permitido. ¡Al servir a Jesús, estoy hablando de una devoción total al entregar tu vida plenamente al Señor!

Al seguir a Jesús, hablo de una devoción que te afecta primero y principalmente en tu hombre interior (tu corazón y mente) y en segundo lugar, tu hombre exterior (ministerio). La gente piensa que el servicio al Señor es ministerio. Hacer esto o aquello y correr por toda la ciudad tratando de ser todo para todas las personas. Esto no es de lo que estoy hablando.

He tenido algunos amigos que fueron ministros de Jesús. Sólo hacían ministerio porque les gustaban los beneficios (dinero, fama, estatus, etc.) que venían con el llamamiento; ministraron fervientemente - ¡hasta que el fuego quemó su sueño hecho por el hombre!

Sin poner reglas al respecto, el llamado a servir a Jesús comienza con una vida de entrega. Entregarse al Señor debe ser el primer paso para entrar a Su servicio. Cuando el Señor llama a un hombre a servirle, ¡ese es un llamado a morir! No se equivoque aquí. No puedes entregar tu vida a Dios a menos que estés dispuesto a gastarla por Él.

Personalmente no sirvo a Dios por lo que otros pueden hacer por mí. No construí iglesias para que la gente pudiera venir y escucharme, verme o para que yo pudiera ser su hermano mayor. No construí escuelas bíblicas ni viajé en viajes misioneros para ver el mundo, ¡y seguramente no ministro en México porque estoy aburrido y no tengo nada mejor que hacer con mi vida!

Hago lo que hago porque Él me llamó a hacerlo. Puedo decir con Pablo: "Y doy gracias a Cristo Jesús nuestro Señor, que me ha fortalecido, porque me tuvo por fiel, poniéndome en el ministerio, aunque antes era blasfemo, perseguidor y hombre insolente; pero obtuve misericordia porque lo hice por ignorancia y con incredulidad. Y la gracia de nuestro Señor fue sobremanera abundante, con la fe y el amor que es en Cristo Jesús. Palabra fiel y digna de ser recibida por todos: que Cristo Jesús vino al mundo para salvar a los pecadores, de los cuales yo soy el primero. Pero por esto obtuve misericordia, para que Jesucristo en mí primeramente mostrara toda paciencia, como modelo a los que han de creer en él para vida eterna. Ahora bien, al Rey eterno, inmortal, invisible, al único Dios sabio, sea honor y gloria por los siglos de los siglos". Amén. (1 Timoteo 1:12-17)

No entré al servicio para ganar notoriedad, fama o estatus. Escuchen, amigos míos, cuando Dios me llamó, ya era aprobado ante sus ojos. Su aprobación de mi vida es todo lo que necesitaba. Su llamado no fue una carga, sino un privilegio genuino de ofrecerme esta única vida que Él me dio.

¡Cuando Jesús Pone Sus Ojos en Ti!

Todo movimiento de Dios comienza con Dios, no con el hombre. Dios inicia el ritmo, lo mantiene y lo termina. El ritmo es el latido de Su propio corazón por los perdidos y Su iglesia.

Como regla para el hombre espiritual, siempre es bueno recordar la Escritura en el Salmo 127:1 que dice: Si el Señor no edifica la casa, en vano trabajan los que la edifican. (VRS).

Jesús debe tener preeminencia en todo: tu vida, tu familia, tu negocio y tu ministerio. Su presencia debe estar en primer lugar en cada decisión y situación.

"Y Jesús, caminando junto al mar de Galilea, vio a dos hermanos, Simón, llamado Pedro, y Andrés su hermano, que echaban la red en el mar; porque eran pescadores".

Mientras el Señor caminaba junto al mar de Galilea, sus ojos vislumbraron a dos personas, Pedro y Andrés. ¿Qué estaban haciendo? Estaban pescando porque eran pescadores.

Parece estimulante que Jesús siempre buscara personas que trabajaran en algo práctico mientras vivían. Cuando uno es responsable con poco, Dios lo promoverá demasiado. Debemos aprender a ser fieles con lo poco que sabemos hacer para captar la mirada del Señor y llamar su atención.

¡Te Haré!

Cuando Jesús ve a estos pescadores, los desafía: "Venid en pos de mí y os haré pescadores de hombres".

Permítanme leerles en su contexto original lo que esto significaba:

Primero, Jesús dijo: "Sígueme". La palabra conlleva la idea de que alguien se aleja de algo y entra en algo diferente o nuevo. Al parecer, los discípulos lo escucharon claramente; no hay duda de eso.

Mientras contemplan la invitación, Jesús añade: "Y os haré pescadores de hombres". ¿Qué quiere decir esto? La palabra hacerte significa cambiar. En otras palabras, ¡Jesús estaba invitando a estos pescadores a una transformación de vida! Nota: La idea de *"pescadores de hombres"* era un concepto totalmente nuevo para ellos. Necesitaban que Jesús los entrenara en esto.

Cuando Dios llama a un hombre o a una mujer, los llama a morir a sí mismos; este es el primer paso hacia la transformación. Aquí es donde nos deshacemos de nuestros conceptos e ideas. En segundo lugar, el lienzo está listo para realizar los cambios necesarios que complementarán Su obra, idea o propósito. ¿Ves esto?

No nos registramos para que Dios nos use; Primero somos reconocidos y luego invitados a esta vida de caminar con Él.

Entonces el Señor comenzará el proceso de cambio. Pocos entienden este proceso, porque muchos no se dan cuenta de que lo que tenemos dentro de nosotros no es bueno para Dios. Él debe librarnos de nosotros mismos para que Él pueda tener la preeminencia.

Muchos han sentido que la transformación es difícil. Es cierto. Dios nunca usará a ese anciano; la vieja naturaleza llamada carne. El hombre carnal debe morir antes de que Dios pueda realmente usarlo.

¡Inmediatamente!

"Ellos inmediatamente dejaron sus redes y lo siguieron".

No sé ustedes, pero cuando leo la palabra inmediatamente, solo entiendo un significado: ¡significa ahora!

Tan pronto como los sirvientes escucharon la voz de Cristo,

dijeron: "¡Cuentan conmigo!"

Para comenzar esta transformación de vida, este cambio del que habló Jesús, el oyente tendría que emprenderlo lo antes posible. ¡Esto los marcaría durante todo su viaje con Jesús durante los próximos tres años más o menos!

El Señor hará lo mismo contigo y conmigo. Él nos buscará primero; cuando nos encuentre, nos invitará a una vida de transformación. ¡Él sabrá quiénes son esos seguidores por su respuesta inmediata a Su voz!

Finalmente, cuando uno escuche Su voz para seguir en cualquier grado, hágale saber a ese individuo que la provisión vendrá de la mano de Dios. Él no te está pidiendo que primero resuelvas tu vida y luego le sirvas. Él no está considerando tus dones, talentos y habilidades. Él no necesita eso. Déjame recordarte: Él está a punto de cambiarte para que cumplas con Su propósito.

Muchas personas reflexionan sobre la idea de provisión antes de entregar su vida a Dios si Dios los ha llamado. La realidad es esta: si Dios te ha llamado a seguir, entonces síguelo. Si Dios no te ha pedido que lo sigas (y sólo tú lo sabes), no lo sigas.

Recuerde: Sólo aquellos llamados a seguir serán responsables, ya sea que lo hayan hecho o no.

CAPÍTULO 4

¡El Verdadero Tú!
Reconociendo el Poder Latente del Yo y Del Pecado

"Entonces Moisés respondió y dijo: "Pero supongamos que no me creen ni escuchan mi voz; Supongamos que dicen: "El SEÑOR no se te ha aparecido".

Entonces el Señor le dijo: "¿Qué es eso que tienes en la mano?"

Él dijo: "Una vara".

Y Él dijo: "Tíralo al suelo". Entonces la arrojó al suelo y se convirtió en una serpiente, y Moisés huyó de ella. Entonces el SEÑOR dijo a Moisés: "Extiende tu mano y tómala por la cola" (y él extendió su mano y la atrapó, y se convirtió en una vara en su mano), "para que crean que se te ha aparecido Jehová, el Dios de sus padres, el Dios de Abraham, el Dios de Isaac y el Dios de Jacob".

Además, el Señor le dijo: "Ahora mete tu mano en tu seno". Y metió su mano en su seno, y cuando la sacó, he aquí, su mano estaba leprosa como nieve. Y Él dijo: "Vuelve a poner tu mano en tu seno". Entonces, volvió a meter la mano en su seno y la sacó de su seno, y he aquí, quedó restaurada como su otra carne". (Éxodo 4:1-7)

¿Estás Tocado por Dios?

¡Qué viaje tan maravilloso tuvo Moisés cuando Dios lo tocó! No creo que nadie supiera lo que Dios estaba a punto de hacer a través de este recipiente: Su nombre era Moisés, y Dios lo había tocado para una vida de servicio y avance en el reino.

Al estudiar la vida de este hombre, he llegado a comprender más profundamente cómo las personas a quienes el Señor no llama a seguirlo siempre están rezagadas; no asumen la responsabilidad de la tarea de Dios y no dejan espacio para que Dios obre en ellos.

Cuando las personas no pueden encontrar tiempo para la lectura personal de la Biblia, la oración o vivir una vida con las almas perdidas en mente, entonces creo que algo falta. ¡Me atrevo a decir que estos supuestos siervos, en mi opinión, no son llamados por el Señor como ellos creen!

Creo que todas estas son señales para alguien que no tiene un llamado a seguir o que tuvo un llamado, pero se alejó de él en su corazón y necesita renovación.

Es difícil esperar que un creyente dé pasos de fe cuando no tiene la fe de Dios, ¿y por qué? ¡Dios no los ha tocado ni los ha llamado!

Cuando el Señor toca nuestras vidas, inmediatamente comprendemos la gravedad del llamado.

El depósito de una llamada dentro de nuestro corazón cambiará también nuestra perspectiva personal de la vida y del mundo que nos rodea.

Ser tocado por Dios afecta al siervo en dos áreas: la vida exterior del ministerio y la vida interior de quebrantamiento.

Sólo unas pocas personas entienden esto. Déjame explicarte.

Credenciales del Ministerio de Dios

"Entonces Moisés respondió y dijo: "Pero supongamos que no me creen ni escuchan mi voz; Supongamos que dicen: "El SEÑOR no se te ha aparecido".

El ministerio es un acto de servir al hombre desinteresadamente en nombre de Jesús. Como Él no está presente aquí en la tierra, somos las manos, los pies, la boca y los ojos de Jesús aquí. A medida que nos movemos por fe en el nombre de Jesús, las personas son tocadas por el Espíritu de Dios que habita ricamente en nosotros.

Las obras exteriores en Su nombre son sólo eso, obras. Muchos siervos hacen esta obra con un corazón puro y deben ser reconocidos por su servicio sacrificial. Sin embargo, hacemos ministerio y, en muchos casos, ¡es diferente de lo que somos!

He visto a personas hacer mucho servicio en nombre de la marca de la iglesia o del proyecto de la iglesia, pero no para Jesús.

Moisés Recibe Educación Para el Ministerio Exterior.

"Entonces el Señor le dijo: "¿Qué es eso que tienes en la mano?"
Él dijo: "Una vara".

Y Él dijo: "Tíralo al suelo". Entonces la arrojó al suelo y se convirtió en una serpiente, y Moisés huyó de ella. Entonces el SEÑOR dijo a Moisés: "Extiende tu mano y tómala por la cola" (y él extendió su mano y la atrapó, y se convirtió en una vara en su mano), "para que crean que se te ha aparecido Jehová, el Dios de sus padres, el Dios de Abraham, el Dios de Isaac y el Dios de Jacob".

Una vara era el instrumento que poseía Moisés. Dios le preguntó: "¿Qué es eso que tienes en la mano?" Él dijo: "Una vara".

Si tenemos fe, creemos que Dios siempre usará lo que tenemos [una vara], y sabemos que esto es obra de Dios. Como dijo una vez un hombre: Nosotros proporcionamos lo natural; Dios libera lo sobrenatural.

A medida que avancemos en fe y obediencia, Dios vindicará Su Nombre y realizará señales y prodigios a través de nosotros. ¡Nunca deberíamos dudar de eso!

Si Dios nos llama a hacer algo en Su Nombre, puedes estar seguro de que Él lo hará realidad tal como lo ha diseñado. El llamado requerirá fidelidad y perseverancia de nuestra parte; el resto lo hará Dios.

Observe cómo Dios convirtió la vara en una serpiente en la vida de Moisés. No había manera en la tierra de que Moisés hubiera podido convertir un trozo de madera muerta en una serpiente; esto fue obra del Señor. ¡El milagro sólo sucederá si actuamos en obediencia a Sus deseos!

Servir a Jesús es un gran honor y privilegio, pero no el más alto de todos los honores. Conocerlo es el más alto de todos los honores.

Verá, el apóstol Pablo, después de guiar a muchos a Cristo, capacitar trabajadores y construir iglesias, todavía perseguía algo. ¿Qué fue?

Escuchen esto: "Hermanos, no me considero haberlo comprendido, pero una cosa hago: olvidándome de lo que queda atrás, y extendiéndome a lo que está delante, prosigo hacia la meta, para obtener el premio del supremo llamamiento de Dios en Cristo Jesús". (Filipenses 3:13, 14)

Moisés Se Educa en el Ministerio Interno.

La segunda parte de la educación en el ministerio es lo que sucedió después en la vida de Moisés.

Después de que Moisés experimentó que la vara se convertía en una serpiente y luego volvía a convertirse en una vara, ¡Moisés quedó asombrado!

¿No es cierto que cuando vemos que el Señor nos usa de alguna manera, nos sentimos especiales y muy favorecidos por el Señor? Las personas que te rodean te alaban por tu vida, ministerio, enseñanza, don de predicación, administración, liderazgo, etc. Este parecía ser el caso en la vida de Moisés.

Ahora Moisés se siente reconfortado por Dios y está seguro de que Dios lo respaldará cuando se enfrente a Faraón y a los hijos de Dios en Egipto.

Luego las cosas cambiaron cuando Dios probó a Moisés una vez más...

"Además, el Señor le dijo: "Ahora mete tu mano en tu seno". Y metió su mano en su seno, y cuando la sacó, he aquí, su mano estaba leprosa como nieve. Y Él dijo: "Vuelve a poner tu mano en tu seno". Entonces, volvió a meter la mano en su seno y la sacó de su seno, y he aquí, quedó restaurada como su otra carne".

Mientras Moisés estaba ganando confianza gracias al poder del respaldo de Dios, de repente, Moisés descubrió que en su propio seno, en su propio corazón, tenía una lepra que estaba escondida.

Moisés quedó aterrorizado al ver la fea lepra que estaba escondida en lo profundo de su propio corazón.

Verás, lo que la gente ve no es lo que Dios ve. Dios mira el corazón del hombre. Él ve la rebelión, la lujuria, el compromiso, los miedos y las dudas en nuestros corazones. Hay suficiente pecado en todos nosotros para descalificarnos de hacer cualquier cosa para Dios. ¿Me estás escuchando?

Recuerde, la lepra no es más que pecado: ¡un pecado oculto y no abandonado! ¡Moisés descubrió que en su corazón estaba lleno de ello!

La Fealdad de la Lepra

1. La lepra era una enfermedad interna.
Aunque se veía la lepra en el exterior del cuerpo, la verdadera causa de la enfermedad estaba debajo de la superficie. Las llagas y otros problemas eran síntomas de la enfermedad, pero la causa era aún más profunda. El pecado es precisamente el mismo. No somos pecadores porque pecamos; pecamos porque somos pecadores. La raíz del pecado es profunda. El pecado procede de un corazón pecaminoso.
Así como el leproso tendría la enfermedad mucho antes de que comenzara a manifestarse, el pecado actúa en nosotros

mucho antes de que otros puedan verlo. A menudo comienza con pecados secretos, donde sólo nosotros sentiremos la ternura. Luego comienza a manifestarse en el pecado público, y cuando defendemos y justificamos nuestro pecado, comienza a decaer y a pudrirse, pero todo comienza desde adentro.

2. La lepra era una enfermedad repugnante.
Se podía sentir. Llegó con un incómodo entumecimiento, dolores y heridas que no cicatrizaban. Muchas de las cicatrices que tendría el leproso resultaron del entumecimiento que le producía la enfermedad. Una vez que desaparecía la sensación de dolor, los leprosos podían cortarse o quemarse la carne sin siquiera saberlo. Asimismo, el pecado nos adormece, y cuando nuestra conciencia está entumecida, hiere.

Tenía un olor terrible. El aroma ahuyentaba a los demás, pero el infectado no podía escapar de él y, en otras ocasiones, ni siquiera lo notaba. A los leprosos ni siquiera les gustaba el olor del otro, como cuando dos pecadores se juntan. Los pecados del otro a menudo les repugnan, aunque su pecado sea igualmente podrido.

También se podría escuchar. Atacó las cuerdas vocales provocando una voz ronca. De la misma manera, el pecado encuentra su escape más accesible a través de la lengua, por eso Santiago nos advierte de su poder. Incluso Jesús dijo: "De la abundancia del corazón habla la boca". Se puede escuchar el pecado.

La lepra también puede llegar a la ropa y a las paredes de la casa. Asimismo, el pecado puede manifestarse en cómo nos vestimos y en lo que hacemos en nuestros hogares.

En todos estos sentidos, la lepra era repugnante. No se puede mantener oculto y, como la lepra, nuestro pecado encontrará una salida y quedaremos expuestos. No se puede ocultar la enfermedad, especialmente a Dios.

3. La Lepra Era una Enfermedad Separadora

La lepra te puso fuera del campo para ponerte en cuarentena. Aún así, no sólo separó a los seres queridos, como el pecado puede destruir las relaciones, sino que también separó a la persona infectada de la presencia de Dios. Se los consideraba ceremonialmente impuros, lo que significaba que no podían ir al templo a adorar, y el templo era donde

Dios manifestaba Su presencia. El pecado hace lo mismo. Nos pone en enemistad con Dios, cortando nuestra relación con Él y llevándonos a nuestra destrucción.

4. La Persona Leprosa No Podía Curarse a Sí Misma.
Durante los tiempos bíblicos, no existía ningún remedio natural, programa de ejercicios, dieta o ungüentos tópicos que pudieran tocar las profundidades de la enfermedad. Sin embargo, esta falta de cura no significó que las personas no fueran limpiadas de la enfermedad. Miriam solo tuvo la enfermedad por un corto tiempo en su mano, y Dios sanó a Naamán haciéndole lavarse siete veces en el Jordán. Lo que es imposible para los hombres es posible para Dios.

5. Jesús Puede Sanar al Leproso
En Mateo capítulo ocho, vemos a Jesús tocar al leproso. El hecho de que Jesús tocara al leproso es sorprendente porque si alguien más hubiera conocido a un leproso, habría quedado inmundo. Jesús, sin embargo, toca al leproso y sucede lo contrario; el leproso queda limpio. Somos pecadores merecedores de juicio, y Dios, siendo un Dios justo, debe castigar el pecado. Si Dios dejara que el pecado quedara im-

pune, significaría que sería injusto, entonces, ¿cómo podría Dios justificar a los pecadores sin verse contaminado? Lo hizo cargando con la justicia y la ira que el pecado merecía cuando el Padre envió al Hijo y murió en la cruz. Aquellos que tienen fe en Jesús pueden perdonar sus pecados porque su castigo recayó sobre Cristo. Dios juzgará cada pecado y su ira será derramada sobre el pecador o sobre Cristo en su lugar. Esta sustitución es la razón por la que Dios puede ser justo y justificador de los pecadores.

¡El Verdadero Tú!

Una vez que veas la lepra escondida en tu corazón, ¡dejarás de fingir quién eres realmente!

Con demasiada frecuencia, la gente se deja engañar por su propio corazón. Piensan que debido a que provienen de este entorno, tienen este título, tienen este trabajo, tienen este tipo de ministerio o viven según reglas específicas mejor que otros, son más altos que los demás.

Si alguna vez has pensado esto de ti mismo, te espera un

duro despertar. Dios no nos permitirá llegar muy lejos antes de derribar todo nuestro orgullo y arrogancia.

En Proverbios 16:18, dice que "antes que la destrucción viene el orgullo".

¡Es Hora de Llorar!

Lo vemos en la vida de Pedro cuando traicionó a Jesús. Pedro estaba tan seguro de que no lo haría, ¡pero nunca reconoció la lepra en su propio corazón y le dio la espalda a Jesús!

Escuche esta lamentable historia:

Y el Señor dijo: "¡Simón, Simón! En verdad, Satanás os ha preguntado para zarandearos como a trigo. Pero yo he orado por vosotros, para que vuestra fe no falle; y cuando hayáis vuelto a Mí, fortaleced a vuestros hermanos".
Pero él le dijo: Señor, estoy dispuesto a ir contigo a la cárcel y a la muerte.
Luego dijo: "Te digo, Pedro, que no cantará el gallo hoy, antes de que niegues tres veces que me conoces". (Lucas

22:31-34)

En seguida, mientras él aún hablaba, cantó el gallo. Y el Señor se volvió y miró a Pedro. Entonces Pedro se acordó de la palabra del Señor, cómo le había dicho: Antes que cante el gallo, me negarás tres veces. Entonces Pedro salió y lloró amargamente". (Lucas 22:60-62)

Al cerrar esta devoción, debemos humillarnos ante Dios diariamente y pedirle que busque en nuestros corazones cualquier lepra escondida. ¡Debemos pedirle a Su Espíritu que nos ayude a reconocerlo, arrepentirnos rápidamente y entregarle nuestras vidas por completo! Neh'enah.

CAPÍTULO 5

Job: ¡Seguiré Adorando!

Vida Terrenal Llena de Alegría

"Había en la tierra de Uz un hombre que se llamaba Job; y aquel hombre era irreprensible y recto, temeroso de Dios y apartado del mal. Y le nacieron siete hijos y tres hijas. Además, sus posesiones eran siete mil ovejas, tres mil camellos, quinientas yuntas de bueyes, quinientas asnas y una casa muy numerosa, de modo que este hombre era el más grande de todo el pueblo de Oriente. Y sus hijos iban y festejaban en sus casas, cada uno en su día señalado, y enviaban e invitaban a sus tres hermanas a comer y beber con ellos. Y cuando pasaban los días de la fiesta, Job enviaba y los santificaba, y se levantaba muy de mañana y ofrecía holocaustos según el número de todos ellos. Porque Job dijo: "Quizás mis hijos hayan pecado y hayan maldecido a Dios en sus corazones". Así lo hacía Job con regularidad.

Cuando estudio la vida de Job, no puedo dejar de notar que

era un hombre justo. Creyó en sí mismo y alcanzó un estatus moralista.

He aquí un hombre que vivía y hacia todo lo correcto en la vida.

Nadie vivo podría venir y señalar con el dedo a este hombre y traer reproche a su vida. Nadie podría reprocharle su irresponsabilidad religiosa; nadie podría señalar con el dedo y decir: "Eres un mal marido, un peor padre o un mal proveedor". Job era un hombre que había alcanzado grandeza debido a su búsqueda de Dios.

Job era responsable, un hombre de convicciones y disciplinado en todas sus prácticas religiosas. ¡En los días de Jesús, Job habría sido un gran fariseo!

Muchos de nosotros hoy sentimos que hemos alcanzado un nivel de rectitud y llevamos un orgullo que nadie puede ver – ¡excepto Dios!

Nos medimos comparándonos con otros menos afortunados que nosotros; espiritualmente hablando, nos sentimos un poco más elevados. Sin embargo, Dios conoce la maldad que yace en lo profundo de nuestros corazones egoístas.

Sólo puedo imaginar la reputación de Job. Todos querían estrecharle la mano; otros querían asistir a sus reuniones, pero otros querían sentarse a sus pies y aprender de este sabio siervo de Dios.

Esta fue la vida de Job como siervo piadoso.

Desde la perspectiva de la Tierra, tendemos a juzgar lo que vemos. No sabemos lo que no sabemos. Debemos aprender que las cosas no son lo que parecen. Por eso la comunión con el Espíritu Santo es de vital importancia.

¡Aprendiendo los Caminos de Dios!

"Porque Mis pensamientos no son vuestros pensamientos,
Ni vuestros caminos son mis caminos", dice el Señor.
"Porque como los cielos son más altos que la tierra,
Así mis caminos son más altos que los tuyos,

Y Mis pensamientos que tus pensamientos." (Isaías 55:8)

Antes de continuar con la vida de Job, profundicemos en este conjunto de versículos. Isaías lee y dice lo que Dios le está diciendo a su pueblo: "Mis pensamientos no son vuestros pensamientos". ¿Qué quiere decir esto?

La palabra *pensamientos* significa (1) diseño o diseños, (2) intenciones, (3) planes o (4) propósitos.

¿Ves cuán diferente es el Señor de nosotros?

Muchas veces pensamos que ir a la iglesia sin una relación con el Espíritu Santo es suficiente para aprender los caminos de Dios, pero rápidamente descubrimos que no es así.

Cuando la mente carnal está a cargo, eventualmente nos corromperemos. Nos engañaremos pensando que estamos "bien", cuando en realidad, ¡de todos los hombres somos dignos de lástima!

Una de las cosas que hace el hombre cuando tiene el control de su vida es tratar de imitar a Dios en su propia sabiduría y fuerza egoístas. Los diseños del hombre son creados por él y para sí mismo. Lo mismo ocurre con las intenciones de su propio corazón. Sus planes y propósitos están diseñados de alguna manera para apuntalarlo y hacerlo sobresaliente entre su familia y sus compañeros.

En lo natural, el hombre siempre se siente seguro de sus logros. Si un hombre no cumple con sus expectativas, se desanima; si lo hace, se vuelve orgulloso. "¡Si el Señor no construye la casa, en vano trabajan los que la construyen!" dijo el salmista en Salmo 127:1.

En otras palabras, si el Señor no es Quien nos guía a usted y a mí en nuestra vida diaria, podríamos experimentar un despertar brusco, ¡como Job!

Realidades del Reino Espiritual

Ahora, hubo un día en que vinieron los hijos de Dios a presentarse delante del Señor, y también vino entre ellos Satanás. Y el Señor dijo a Satanás: "¿De dónde vienes?" Entonces, Satanás respondió al Señor y dijo: "De ir y venir por la tierra y de andar por ella".

Entonces el Señor dijo a Satanás: "¿Has considerado a mi siervo Job, que no hay nadie como él en la tierra, un hombre íntegro y recto, temeroso de Dios y apartado del mal?" Entonces, Satanás respondió al Señor y dijo: "¿Acaso Job teme a Dios de balde? ¿No le has cercado a él, a su casa y a todo lo que tiene por todos lados? Has bendecido la obra de sus manos, y sus posesiones han aumentado en la tierra. ¡Pero ahora extiende tu mano y toca todo lo que tiene, y seguramente te maldecirá en tu cara! Y el Señor dijo a Satanás: "He aquí, todo lo que él tiene está en tu poder; sólo que no pongas la mano sobre su persona". Entonces Satanás salió de la presencia del Señor". (Job 1:1-13)

Mientras suceden cosas en la Tierra, también suceden en el ámbito espiritual, y debemos saberlo.

Conociendo a Job como un amigo cercano, Dios sabía que Job necesitaba ser despertado de su superioridad moral.

Algunos de nosotros necesitamos que Dios haga un trabajo minucioso en lo profundo de nuestro corazón y transforme nuestro pensamiento y nuestras prioridades.

Entonces, un día, cuando Satanás lo visitó, el Señor le preguntó qué estaba haciendo. Satanás dijo: "De ir y venir por la tierra y de caminar de un lado a otro sobre ella".

¿Has Considerado a Mi Siervo?

Este es Dios preguntándole a Satanás si había considerado a Job. Miremos más de cerca la palabra considerada. La palabra considerada en el hebreo original está formada por dos vocablos: La primera significa poner, colocar o fijar. La segunda palabra significa hombre interior, mente, voluntad y corazón.

En esencia, Dios le estaba diciendo a Satanás: ¿Has visto el corazón de Job? ¿Has considerado la forma en que está configurado?

¡Cuando el Seto Está Caído!

Entonces, Satanás respondió al Señor y dijo: "¿Acaso Job teme a Dios de balde? ¿No le has cercado a él, a su casa y a todo lo que tiene por todos lados? Has bendecido la obra de sus manos, y sus posesiones han aumentado en la tierra.

¡Pero ahora extiende tu mano y toca todo lo que tiene, y seguramente te maldecirá en tu cara!

Satanás le dijo a Dios: "¡Hay razones por las cuales este hombre camina contigo como lo hace!"

Ves la iglesia, exteriormente, todo lo material estaba en su lugar. Dios había bendecido a este hombre con abundancia: para empezar, Dios le había dado protección para él, su familia y sus bienes; luego también bendijo el trabajo de sus manos, lo que, a su vez, trajo gran aumento a su tierra.

Las cosas exteriores a menudo se reconocen como el favor de Dios hacia alguien. ¿Pero es el favor de Dios? ¿Es posible vivir en pecado y ser bendecido? ¿Es posible tener mucho materialismo a tu alrededor y estar lejos de Dios? ¡Absolutamente!

Si el materialismo fue señal de una bendición para el pueblo de Dios, ¿por qué los traficantes de drogas tienen más dinero que usted? ¿Por qué algunos malvados tienen más bienes que tú y yo?

Dios amaba a este hombre, Job. No iba a permitir que Job se quedara en el camino al permitir que la justicia propia lo devorara. Dios hablaba en serio acerca de esto y estaba a punto de cambiar la vida de Job.

La Hora de la Prueba

"¡Pero ahora extiende tu mano y toca todo lo que tiene, y ciertamente te maldecirá en tu cara!"

Llegó el momento en que Dios puso a prueba el corazón de su siervo.

Nuevamente, exteriormente todos estarían juzgando, pero interiormente, sólo Dios sabía lo que había en el corazón de Job, y Dios buscaba corregir esto en su vida.

Entonces comenzaron los juicios...

"Hubo un día en que sus hijos e hijas estaban comiendo y bebiendo vino en casa de su hermano mayor; y un mensajero vino a Job y le dijo: Los bueyes estaban arando y los asnos paciendo junto a ellos, cuando los sabeos los asaltaron y se los llevaron; ciertamente, han matado a los siervos a filo de espada; ¡Y sólo yo he escapado para decírtelo!

Mientras él aún hablaba, vino otro y dijo: Fuego de Dios cayó del cielo, y quemó las ovejas y a los siervos, y los consumió; ¡Y sólo yo he escapado para decírtelo!

Mientras él aún hablaba, vino otro y dijo: Los caldeos formaron tres bandas, atacaron los camellos y se los llevaron, y mataron a los criados a filo de espada; ¡Y sólo yo he escapado para decírtelo!

Mientras él aún hablaba, vino también otro y dijo: Tus hijos y tus hijas estaban comiendo y bebiendo vino en la casa de su hermano mayor, cuando de repente vino un gran viento del otro lado del desierto y golpeó las cuatro esquinas de la casa, y cayó sobre los jóvenes, y murieron; ¡Y sólo yo he escapado para decírtelo!

Entonces Job se levantó, rasgó su manto y se rapó la cabeza; y cayó al suelo y adoró. Y él dijo:

"Desnudo salí del vientre de mi madre,
Y desnudo volveré allí.
El Señor dio, y el Señor quitó;
Bendito sea el nombre del Señor".

En todo esto, Job no pecó ni acusó a Dios de ningún mal". (Job 1:13-22)

Todo lo que había hecho famoso a Job, lo que le había dado importancia y estatus entre sus compatriotas, ¡todo desapareció en un día!

¡Considerado por Segunda Vez!

"Otra vez hubo un día en que los hijos de Dios vinieron a presentarse delante del Señor, y vino también entre ellos Satanás para presentarse delante del Señor. Y el Señor dijo a Satanás: "¿De dónde vienes?"
Satanás respondió al Señor y dijo: "De ir y venir por la tierra y de andar por ella".
Entonces el Señor dijo a Satanás: "¿Has considerado a mi siervo Job, que no hay nadie como él en la tierra, un hombre íntegro y recto, temeroso de Dios y apartado del mal? Y todavía se mantiene firme en su integridad, aunque me incitasteis contra él para destruirlo sin causa".
Entonces, Satanás respondió al Señor y dijo: "¡Piel por piel! Sí, todo lo que el hombre tiene lo dará por su vida. ¡Pero extiende ahora tu mano y toca sus huesos y su carne, y seguramente te maldecirá en tu cara!
Y el Señor dijo a Satanás: "He aquí, él está en tus manos, pero perdónale la vida".

Entonces, Satanás salió de la presencia del Señor y hirió a Job con dolorosas llagas desde la planta del pie hasta la coronilla. Y tomó para sí un tiesto con el que rasparse mientras estaba sentado en medio de las cenizas.

Entonces su esposa le dijo: "¿Aún conservas tu integridad? ¡Maldice a Dios y muere!

Pero él le dijo: Hablas como habla una mujer insensata. ¿Aceptaremos realmente el bien de Dios y no aceptaremos la adversidad? En todo esto Job no pecó con los labios". (Job 2:1-10).

El Señor estaba probando el corazón y la salud de Job en gran medida. ¿Alguna vez has estado allí en tu propio caminar?

Verás, Dios está más interesado en ti que en las cosas materiales. ¡La gente de nuestra nación se ha vuelto adoradora de las cosas creadas y ha descuidado al Creador!

¡Hecho a Su Imagen!

Mientras caminamos con Dios, el Espíritu Santo pondrá en

primer plano cualquier cosa que no sea de Dios. Él te lo expondrá para que puedas borrarlo de tu vida. Él trabajará profundamente en el corazón y la mente del hombre para purificarlo para Su beneplácito.

¿Está Dios en contra de las cosas materiales? No creo que lo sea. Creo que Dios está en contra de todo lo que intente conformarnos a una imagen diferente a la suya. Hay cosas que nos han poseído y nos han despojado de Su imagen. Creo que Job estaba siendo probado profundamente en su carácter.

Job Adoró a Pesar de Todo el Dolor.

Muchos se preguntan cuándo terminará mi juicio. ¿Cuándo terminará toda esta adversidad? Sabes que te lo has preguntado muchas veces. Déjame decirte: ¡hasta que aprendas la lección! Hasta llegar a donde Dios habla y revela por qué las cosas van de esta manera en nuestras vidas. Entonces y sólo entonces las cosas se calman.

Job llegó a un lugar donde lo apretujaban como un panal de miel y finalmente entregó su corazón y dijo: "Aunque él me mate, en él confiaré". (Trabajo 13:15)

Nos miramos a nosotros mismos y sacamos conclusiones sobre nosotros mismos; La gente mira nuestras vidas y saca conclusiones sobre nuestras vidas, ¡pero Dios nos ve tal como somos! Él pone todas las cosas en movimiento a nuestro alrededor. ¿Puedes ver esto? ¿Puedes percibir al Espíritu Santo hablando?

Para terminar, permíteme animar tu corazón con estas palabras: "Permaneced en mí y yo en vosotros. Así como el pámpano no puede dar fruto por sí mismo si no permanece en la vid, así tampoco vosotros si no permanecéis en Mí. "Yo soy la vid; sois las ramas. El que permanece en Mí, y Yo en él, mucho fruto lleva; porque sin Mí nada podéis hacer". (Juan 15:4, 5)

CAPÍTULO 6

¡Los Verdaderos Amigos de Dios!

"Este es mi mandamiento: que os améis unos a otros como yo os he amado. Nadie tiene mayor amor que este que dar la vida por los amigos. Sois Mis amigos si hacéis lo que Yo os mando. Ya no os llamo siervos, porque el siervo no sabe lo que hace su señor; pero os he llamado amigos, porque todo lo que oí de mi Padre os lo he hecho saber. Vosotros no me elegisteis a mí, sino que yo os elegí a vosotros y os designé para que vayáis y deis fruto, y que vuestro fruto permanezca..." (Juan 15:12-16)

Cuando Cristo comenzó a enseñar a sus siervos acerca del amor y lo que significaba amar a la manera de Dios, les habló en un nivel muy diferente. Definió lo que significaba amar enseñándoles que ningún hombre tiene mayor amor que dar su vida por sus amigos.

Y añadió: **"Ustedes son mis amigos si hacen lo que yo les ordeno".** Medita sobre esto por un momento. Jesús define la

verdadera amistad con el Padre como amar a Dios para obe-
decerlo, ¡incluso hasta la muerte! ¿Entiendes esto?

En su mayor parte, Jesús había estado enseñando a los discípulos acerca del reino de Dios y lo que Dios tenía reservado
para todos los que lo seguían. Todas las profecías y promesas
fueron dadas como señales de la presencia y seguridad de
Dios en sus vidas. Sin embargo, parecía haber una desconex-
ión entre el hombre y Dios.

Los discípulos tenían una actitud de servicio. Querían agradar a Jesús en todas las formas posibles. Estaban listos para
actuar por Él; Verás eso a lo largo de todo el Nuevo Testa-
mento. Le sirvieron e hicieron señales y prodigios junto con
él. Aprendieron muchas cosas acerca del reino de Dios, pero
no todas.

Servir a Jesús es sólo el comienzo del amor, pero conocer íntimamente a Jesús es algo diferente. Conocer al Señor es el
principio de la sabiduría. Conocer al Señor íntimamente es el
poder secreto del que carecen la mayoría de los creyentes en
la iglesia hoy.

Verás, uno puede servir a Dios o al menos ayudar en el "nombre de Jesús", por así decirlo. Esto es lo que llamamos sirvientes.

Muchos creyentes aspiran a este tipo de práctica religiosa. Su experiencia espiritual es principalmente exterior y egoísta. Asocian el servicio con la amistad, pero no es lo mismo.

Cualquiera puede venir y ofrecerse a ser un siervo, pero nadie puede acercarse a Jesús y decirle: "Quiero ser tu amigo porque me gustas". Los amigos están invitados al círculo de amigos de Dios. Sólo vienes por invitación.

¡Ya No Os Llamo Sirvientes!

Entonces sucedió que Jesús dijo: "Ya no os llamo siervos, porque el siervo no sabe lo que hace su señor; pero os he llamado amigos, porque todo lo que oí a mi Padre os lo he hecho saber". (Juan 15:15)

Jesús permite que sus discípulos se acerquen más a su corazón haciéndoles amigos. Esta fue la puerta a la revelación para ellos. A partir de ese momento, los discípulos y amigos de Jesús comenzarían a escuchar un poco más de la comprensión del corazón del Padre a través de Jesús.

Lo que Jesús estaba haciendo era prepararlos para el día en que el Espíritu Santo vendría y los llevaría a un nivel completamente nuevo de sabiduría y revelación.

Una cosa para tener en cuenta aquí es que, como seres humanos en nuestra carne, estamos limitados en lo que podemos hacer por Jesús. Podemos ayudar y servir simplemente porque es conveniente o tenemos tiempo. Sin embargo, los amigos de Dios no son así. Escuchan a Dios y actúan según las órdenes divinas dadas. No tiene nada que ver con ninguna condición externa.

Secretos reservados, pero ¿para quién?

"Aún tengo muchas cosas que decirte, pero ahora no puedes soportarlas. Sin embargo, cuando venga Él, el Espíritu de verdad, os guiará a toda la verdad; porque no hablará por su propia cuenta, sino que hablará todo lo que oyere; y Él os dirá las cosas que vendrán. Él me glorificará, porque tomará de lo mío y os lo declarará. Todas las cosas que el Padre tiene son Mías. Por eso dije que tomará de lo mío y os lo hará saber". (Juan 16:12-16)

Hay una razón por la que el Señor sólo llega hasta cierto punto al compartir Su corazón con Sus siervos; Juan 16:12 nos dice exactamente por qué. Jesús les habló del Espíritu Santo, a quien enviaría en su lugar: **"Aún tengo muchas cosas que deciros, pero ahora no podéis sobrellevarlas".**

La palabra *soportar* en griego significa varias cosas: 1) Significa levantar o exaltar. 2) Significa llevar. 3) También significa levantar un velo. 4) Significa sostener en las manos. 5) Significa tocar o abrazar. 6) Significa considerar y sopesar. 7) Quiere decir producir, rendir, de tierra.

Entonces, aparentemente, Jesús está haciendo una gran declaración aquí. Básicamente está diciendo: "Hay muchas cosas que les mostraré, pero no puedo hacerlo ahora. ¡Aún no estás en ese lugar! No captaréis su mensaje eterno, pero llegará el momento".

¡Mientras viene el Espíritu!

Pero como está escrito:
"El ojo no vio, ni el oído oyó,
Ni han entrado en el corazón del hombre
Las cosas que Dios ha preparado para los que le aman".
Pero Dios nos las ha revelado a través de Su Espíritu. Porque el Espíritu todo lo escudriña, sí, lo profundo de Dios. Porque ¿qué hombre conoce las cosas del hombre sino el espíritu del hombre que está en él? Así también nadie conoce las cosas de Dios sino el Espíritu de Dios. Ahora bien, nosotros no hemos recibido el espíritu del mundo, sino el Espíritu que viene de Dios, para que sepamos las cosas que Dios nos ha dado gratuitamente". (1 Corintios 2:9-12)

A medida que el Espíritu de Dios comience a asumir Su papel en nosotros, comenzará a revelarnos a usted y a mí las cosas relativas a Dios, Su propósito y Su plan para usted. Dios es quien te hace soportar estas revelaciones. Él es Quien nos ilumina con la verdad.

¡Elegido Para Producir Fruto!

"No me elegisteis vosotros, sino que yo os elegí y os designé para que vayáis y deis fruto, y vuestro fruto permanezca..." (Juan 15:16)

En nuestra búsqueda de Dios, casi siempre, el Señor nos guiará a Su cosecha. Sí, Él te sanará, te liberará y te ungirá, pero esto no es solo para ti. Estás llamado a llevar lo que Jesús te ha mostrado al mundo principalmente, no tanto a la iglesia.

Nuestro objetivo como sus siervos es presionar hasta que consigamos su atención y nos convirtamos en sus amigos. Es aquí donde comienza y termina el supremo llamamiento de Dios en Cristo Jesús. Es en este lugar donde los cielos se abren para ti y para mí, porque el Señor sabe que puede confiarnos la revelación divina para escuchar y actuar.

CAPÍTULO 7

¡Manténgase Enfocado en El Plan de Dios!

En mi deseo de comunicar cómo la vida de Jesús debe ser nuestra prioridad por encima de todas las cosas, quiero que busques en tu Biblia el libro de Mateo capítulo 3 y te concentres en cómo un toque de Dios nos impactará:

"Entonces Jesús vino desde Galilea a Juan en el Jordán para ser bautizado por él. Y Juan trató de impedírselo, diciendo: "Necesito ser bautizado por ti, ¿y tú vienes a mí?" Pero Jesús respondió y le dijo: Deja ahora, porque así conviene que cumplamos toda justicia. Luego se lo permitió. Después de ser bautizado, Jesús subió inmediatamente del agua; he aquí, los cielos se le abrieron, y vio al Espíritu de Dios que descendía como paloma y venía sobre él. Y de repente vino una voz del cielo que decía: Éste es mi Hijo amado, en quien tengo complacencia." (Mateo 3:13-17)

En nuestro caminar con Dios, una cosa es segura: en la medida en que Dios nos ha tocado, en la medida en que tomaremos decisiones dirigidas por Dios. Cuanto menos intenso sea nuestro compromiso, más comprometidas serán nuestras vidas.

Uno puede preguntarse por qué "fulano de tal" no está tan comprometido o comparar su crecimiento espiritual con el de otra persona. En muchos casos, la gente incluso se pregunta por qué el ministerio de una persona es más extenso o influyente que el de otra persona.

¿Importan estas cosas? ¿Deberíamos preocuparnos por esto o aquello? Muchos lo hacen, especialmente los inmaduros. Se preocupan por cosas que realmente no son importantes para ellos.

A medida que comenzamos a abrazar nuestra vida con Dios y, como dijo Juan el Bautista, el estilo de vida de "Más de Él y menos de Mí", aprenderemos que algunas cosas no son tan importantes como pensamos. De hecho, debemos aprender a agradar a Dios y no agradar a los hombres.

¿Qué Clase de Bautismo Recibió Usted?

"Y aconteció que estando Apolos en Corinto, Pablo, pasando por las regiones superiores, llegó a Éfeso. Y encontrando algunos discípulos, les dijo: "¿Recibisteis el Espíritu Santo cuando creísteis?"
Entonces le dijeron: Ni siquiera hemos oído si hay Espíritu Santo.
Y él les dijo: ¿En qué, pues, fuisteis bautizados?
Entonces dijeron: "En el bautismo de Juan".
Entonces Pablo dijo: "Juan a la verdad bautizaba con bautismo de arrepentimiento, diciendo al pueblo que creyeran en el que vendría después de él, es decir, en Cristo Jesús".
Cuando oyeron esto, fueron bautizados en el nombre del Señor Jesús. Y cuando Pablo les impuso las manos, vino sobre ellos el Espíritu Santo, y hablaban en lenguas y profetizaban. Ahora los hombres eran unos doce en total". (Hechos 19:1-7)

Aquí hay un ejemplo en el que algunos de los primeros discípulos fueron a ver a Juan el Bautista bautizando a la gente en el río Jordán y se metieron en el agua con un bautismo de arrepentimiento.

Juran lealtad para seguir las enseñanzas de Cristo en este punto. En los tiempos bíblicos, cualquier persona bautizada con un "nombre" significaba que afirmaría públicamente que seguía las enseñanzas de esa persona.

Pero este tipo de bautismo era un ritual y un acto externo de obediencia.

El Bautismo de Pablo

"¿No sabéis que todos los que hemos sido bautizados en Cristo Jesús, fuimos bautizados en su muerte? Por tanto, fuimos sepultados juntamente con él en el bautismo para muerte, para que, así como Cristo resucitó de entre los muertos por la gloria del Padre, así también nosotros caminemos en novedad de vida". (Romanos 6:3, 4)

La Escritura en el libro de Romanos enseña que aquellos que han sido bautizados en Cristo Jesús fueron bautizados en Su muerte. ¡Fuimos sepultados y luego resucitados por la gloria del Padre para que podamos caminar en la novedad de la vida! Piensa en esto.

La palabra *bautizado* en griego significa "sumergir en o debajo"; "teñir" o "material teñido, o "ropa teñida o coloreada". Ocurre en el sentido de "sumergir" o "hundir el barco".

Es fundamental conocer el grado de este bautismo que experimentaste cuando Cristo tocó tu vida y entró en tu corazón. Muchos toman el bautismo en agua como un acto de obediencia, pero sin poder. En otras palabras, la persona que se bautiza no ha hecho de Jesús el Señor de su corazón. ¡No hacen más que realizar un ritual que, sin conversión, no hace más que mojarse!

¡Todo lo que puedo decir es que el bautismo es un asunto serio, porque te pone bajo el señorío de Cristo y bajo la dirección de la Unción, el Espíritu Santo!

Cristo Nuestro Modelo.

"Entonces Jesús fue llevado por el Espíritu..." (Mateo 4:1)

El Espíritu de Dios ahora está guiando a Jesús. Esta es una de las primeras características de una persona que verdaderamente camina bajo la unción, bajo la dirección del Espíritu Santo.

Nuestras vidas deben volverse cada vez más sensibles a la voz de Dios. Tú y yo sabemos que nos bombardean con muchas voces. La mayoría de las voces y sonidos externos que escuchamos no tienen nada que ver con nosotros ni con la dirección del Espíritu Santo en nuestras vidas. Puede que tenga importancia para otra persona, pero no para usted. Estamos llamados a caminar en la dirección que Dios ha diseñado para nosotros.

A medida que conozcamos personalmente el corazón de Dios, podremos fijar metas y marcar una diferencia en nuestras vidas y las de los demás.

"...al desierto para ser tentados por el diablo".

Jesús se encuentra con el diablo.

Si te fijas, una vida ordenada por Dios será una vida dirigida por Dios. El Señor nos lleva a situaciones que serán utilizadas para probar nuestras vidas. Nuestro carácter, emociones, obediencia, determinación [compromiso] – todo esto será probado en el desierto por el enemigo.

No reprendes al diablo cuando sabes que Dios lo ha enviado para probarte. Sólo lo reprendes después de ver cuáles son las intenciones de Dios. Una vez que sabes que el diablo ha venido a probar tu compromiso y no te rindes, sino que pasas la prueba, lo reprendes y lo sacas de tu vida, no sin antes conocer la intención de Dios.

Piensa en esto: cuando usas un martillo y clavas madera, si fallas en el clavo y te golpeas la mano, sientes el dolor; Gritas, pero inicialmente no tiras el martillo. Sigues martillando hasta que hayas terminado. ¿Por qué no lo tiras? Porque te resulta útil. Lo mismo con el diablo.

Una cosa a tener en cuenta es que cuando obedecemos al Espíritu Santo, espiritualmente hablando, estamos atravesando la oscuridad; esto traerá repercusiones. El enemigo retrocede cuando pretendemos demoler la oscuridad. ¿Has descubierto que eso es cierto?

Prueba #1

"Cuando el tentador se le acercó, le dijo: Si eres Hijo de Dios, di que estas piedras se conviertan en pan". Pero él respondió y dijo: Escrito está: No sólo de pan vivirá el hombre, sino de toda palabra que sale de la boca de Dios." (Mateo 4:3-5)

Su primera prueba vino a través de probar su carne. Jesús había estado en ayuno y estaba débil y muy hambriento.
Si aún no lo has descubierto, la carne, esa entidad que vive en nosotros, se manifestará y desafiará la voluntad de Dios para nuestras vidas si no la mantenemos bajo control. Debemos tener comunión continuamente con el Espíritu de Dios para vencer estos viciosos pensamientos usurpadores.

También debemos aprender a caminar en el diseño, la esfera, el propósito y el tiempo de Dios.

Prueba #2

"Entonces el diablo lo llevó a la ciudad santa, lo puso en el pináculo del templo y le dijo: Si eres Hijo de Dios, tírate abajo. Porque está escrito:
"Él encargará a sus ángeles que os cuiden".
y,
'En sus manos te llevarán,
No sea que tu pie tropiece en alguna piedra".
Jesús le dijo: "Otra vez está escrito: No tentarás al Señor tu Dios". (Mateo 4:5-7)

Una de las pruebas más importantes para todos los que confiamos en Cristo es la provisión. Por alguna razón, podemos hablar y escribir sobre Su provisión, gritar sobre Su provisión y cantar sobre Su provisión, pero cuando se trata de ofrecer nuestro tiempo, dinero y vidas, fallamos la prueba.

No digas que lo amas y que Él es tu proveedor si no puedes confiarle tu vida y tu futuro, tus diezmos y ofrendas e incluso tu compromiso de servicio porque no tienes tiempo para Él.

Prueba #3

Finalmente, Jesús encontró Su prueba más significativa cuando el diablo lo llevó a una montaña, escuche: "**Otra vez el diablo lo llevó a un monte muy alto, y le mostró todos los reinos del mundo y su gloria. Y él le dijo: Todo esto te daré, si postrado me adorares.**
Entonces Jesús le dijo: "¡Fuera, Satanás! Porque escrito está: Al Señor tu Dios adorarás, y a él sólo servirás.
Entonces el diablo lo dejó, y he aquí vinieron ángeles y le servían". (Mateo 4:8-11).

Aparentemente, el diablo había estado postergando esta prueba. Cuando el diablo descubrió que Jesús no estaba cediendo a las dos últimas pruebas, optó por la más grande: inclinarse y adorar para recibir, a cambio de los reinos del mundo. Recuerde, Jesús vino con el fin de restaurar esos reinos al Padre.

El diablo estaba tratando de ponérselo fácil a Jesús diciéndole: "No tienes que morir en una cruz como un Jesús criminal. Podemos evitar todo eso. ¡Todo lo que tienes que hacer es postrarte y adorarme, y te daré aquello por lo que viniste a morir! ¡Es una oportunidad única en la vida, Jesús!

Esta prueba fue importante ya que involucraba su propia vida. Todo estaba en juego en esta prueba: su vida, su humanidad, sus futuros gobiernos, y había mucho en qué pensar.

A pesar de todo lo que estaba en juego, Jesús mantuvo su enfoque y dijo: "¡Al Señor tu Dios adorarás, y a Él sólo servirás!" Luego los ángeles ministraron a Jesús.

Dos Cosas Que Debemos Saber Sobre Nuestro Enfoque

Primero, debes saber que el enemigo nos desafía constantemente a perder nuestro enfoque, confianza, fe y futuro.

En segundo lugar, el Padre permite que estas pruebas [mediante el uso del diablo] se presenten en nuestro camino para que seamos ejercitados en nuestra fe. Nada nos sucederá a menos que el Señor permita que esto te suceda a ti.

"Hermanos míos, considérense enteramente gozosos cuando se vean envueltos o afronten pruebas de cualquier tipo o caigan en diversas tentaciones. Tengan la seguridad y comprendan que la prueba y la prueba de su fe producen resistencia, constancia y paciencia. Pero dejen que la paciencia, la constancia y la paciencia tengan pleno juego y hagan una obra minuciosa, para que sean [personas] perfecta y plenamente desarrolladas [sin defectos], sin que les falte nada". (Santiago 1:2-4 *Versión Amplificada*).

CAPÍTULO 8

¡Cara a Cara!

"Todo el pueblo vio la columna de nube que estaba a la puerta del tabernáculo, y todo el pueblo se levantó y adoró, cada uno a la puerta de su tienda. Entonces el Señor habló con Moisés cara a cara, como habla un hombre con su amigo". (Éxodo 33:10-11)

Al leer esta pequeña porción de las Escrituras y estudiar los eventos que nos llevaron a este lugar en Éxodo, debemos darnos cuenta de que Dios quiere tener comunión con Su pueblo. ¡Cuanto más cerca, mejor!

Algunos no lo saben. ¡Algunos no se dan cuenta de que las intenciones de Dios tienen que ver con la restauración del compañerismo y luego de la intimidad con Él!

En nuestro estudio de Más de Jesús... ¡Menos de Mí!, quiero llevarte detrás del corazón de Dios y mostrarte por qué Moisés fue un hombre diferente en su generación. Después de todo, no es algo cotidiano ver a un hombre sacar a dos millones y medio de niños hebreos de la esclavitud egipcia.

Si tu experiencia inicial con Dios ha sido cara a cara, creo que la tendencia a encontrarlo de esta manera se convierte en la norma a lo largo de tu vida. No ves el rostro de Dios una sola vez y te olvidas de él... ¡nunca! La experiencia quedará tan arraigada en tu espíritu que te seguirá por el resto de tu vida aquí en la tierra.

Entonces, si nunca has visto a Dios cara a cara, pídele que se revele de esta manera. Cuando Él se te aparezca, te garantizo que tu vida dará un vuelco. ¡Todo sobre ti: tus pensamientos, emociones, ambiciones, deseos, planes, ¡todo se transformará para alinearse con los de Él!

La Vida Temprana de Moisés

"Y un hombre de la casa de Leví fue y tomó por mujer a una hija de Leví. Entonces la mujer concibió y dio a luz un hijo. Y cuando vio que era un niño hermoso, lo escondió durante tres meses. Pero como ya no podía esconderlo más, tomó para él un arca de juncos, la untó con asfalto y brea, metió en ella al niño y lo puso entre los juncos a la orilla del río." (Éxodo 2:1-3)

"Aconteció en aquellos días, cuando Moisés creció, que salió a sus hermanos y miró sus cargas. Y vio a un egipcio golpeando a un hebreo, uno de sus hermanos. Entonces miró a un lado y a otro, y como no vio a nadie, mató al egipcio y lo escondió en la arena." (Éxodo 2:11, 12)

Moisés nació para el propósito de Dios, y tú y yo nacimos para el propósito de Dios. Podríamos pensar que sabemos lo que estamos haciendo o hacia dónde vamos, pero Dios también lo sabe y, por lo general, no nos movemos en la misma dirección.

A medida que crecía, el hombre Moisés sintió en su corazón la necesidad de ayudar a los niños hebreos. Ser un libertador estaba incrustado en Su naturaleza, pero tenía que hacerse a la manera de Dios y en Su tiempo.

Cada vez que nos movemos en la carne, fallaremos. Perderemos energía, tiempo y dinero y terminaremos lastimando a la gente.

Durante cuarenta años, Moisés sirvió a Faraón hasta que mató a un egipcio, pensando que estaba en la perfecta voluntad de Dios. Entonces huyó a la tierra de Madián y se escondió en el desierto otros cuarenta años.

"Entonces Moisés se contentó con vivir con aquel hombre, y éste le dio a Séfora su hija a Moisés". (Éxodo 2:21)

La palabra *contenido* significa en el idioma hebreo estar complacido.

Llega un momento en nuestras vidas en el que estamos tan desanimados por nuestra condición actual que nos estacionamos. Nos complacemos tan fácilmente con nuestra forma de vida actual que olvidamos lo que Dios había planeado para nosotros.

Silenciamos la pasión, el celo, la visión, el propósito y el plan que el Señor alguna vez utilizará. ¿Qué tan fácil es hacer esto? Es tan fácil que incluso Moisés, con todo lo que había experimentado hasta el momento, cayó en un estado de tranquilidad.

Me atrevo a decir que nada nos sacará de un estado de tranquilidad hasta que tengamos un encuentro fresco, cara a cara, con Dios.

¡Un Encuentro Cara a Cara!

"Y Moisés estaba apacentando el rebaño de Jetro su suegro, sacerdote de Madián. Y condujo el rebaño al fondo del desierto, y llegó a Horeb, el monte de Dios. Y se le apareció el ángel del Señor en una llama de fuego en medio de una zarza. Entonces miró, y he aquí, la zarza ardía en fuego, pero la zarza no se consumía. Entonces Moisés dijo: "Ahora me desviaré y veré este gran espectáculo, por qué la zarza no arde".
Entonces, cuando el Señor vio que se volvía para mirar, Dios lo llamó desde en medio de la zarza y le dijo: ¡Moisés, Moisés!
Y él dijo: "Aquí estoy".
Luego dijo: "No os acerquéis a este lugar. Quítate las sanda-

lias de los pies, porque el lugar donde estás es tierra santa". Además dijo: "Yo soy el Dios de tu padre, el Dios de Abraham, el Dios de Isaac y el Dios de Jacob". Y Moisés ocultó su rostro, porque tenía miedo de mirar a Dios". (Éxodo 3:1-6)

Definiendo Lo Que es Vivir Cara a Cara con Dios.

Encuentros Sobrenaturales

Cuando se trata de un llamado divino, primero debemos entender que un llamado divino es lo que es: un llamado divino provocado por un encuentro sobrenatural con Dios. Es casi como si Dios corriera una cortina y permitiera al siervo de Dios ver más allá de lo natural y fuera superado por lo que yo llamo un encuentro cara a cara.

El Escuchar de Su Voz.

Después de ese encuentro, el siervo de Dios será alcanzado por una voz divina, una voz celestial que él o ella entiende que es Dios. En el hombre interior esto se registra claramente. Generalmente causa inquietud en lo natural, pero la profunda y sutil paz de Dios se cierne sobre el hombre natural. ¿Has escuchado alguna vez Su voz de esta manera?

La Invitación a Caminar en Alineación con Dios.

Este evento se retrata aquí en la vida de Moisés al quitarse las sandalias. Esto significó que Moisés debía quitarse sus derechos. Sí, los derechos que sentimos que tenemos como individuo y poner nuestra vida y todo lo que deseamos a los pies de Jesús y esperar en su misericordia. Esto sólo puede hacerse mediante revelación, no únicamente mediante una elección voluntaria. Muchos han tratado de seguir a Dios por sus propias fuerzas y hacer las cosas según su entendimiento; sin embargo, Dios tiene un plan divino trazado para el siervo que se quita las sandalias [derechos].

La Búsqueda de Los Deseos de Dios.

Finalmente, nos queda nada más y nada menos que la opción de seguir los deseos de Dios. Sus deseos son los deseos de Su corazón y Su mente. Antes de que alguien pueda escuchar Su corazón y Su mente, uno debe entregarse. El siervo de

Dios debe haberse quitado las sandalias y estar dispuesto a estar en la presencia de Dios hasta que Dios le encomiende la obra.

La gente ora al Señor y siempre habla con Él, eso afirman; sin embargo, lo que le sucedió a Moisés no fue un momento de oración ordinario. ¡Este fue un encuentro, un encuentro cara a cara con el Dios vivo!

Las Escrituras dicen que Moisés no podía mirar al Señor hasta que cumpliera con su pedido. Creo que será lo mismo con nosotros.

Muchos de nosotros hemos hecho grandes obras para Jesús, pero hacer algo por Él después de encontrarlo cara a cara es un llamado completamente diferente.

¡La Obra!

Definición de La Obra.

"Y en la iglesia que estaba en Antioquía había ciertos profe-

tas y maestros: Bernabé, Simeón, llamado el Níger, Lucio de Cirene, Manaén, que se había criado con el tetrarca Herodes, y Saulo. Mientras ministraban al Señor y ayunaban, el Espíritu Santo dijo: "Apartadme ahora a Bernabé y a Saulo para la obra a que los he llamado". Luego, después de ayunar y orar, y después de imponerles las manos, los despidieron". (Hechos 13:1-3)

La Obra de la que hablo, es un llamado específico a una tarea específica. Es un enfoque centrado en uno de los deseos de Dios. Un encuentro cara a cara con Dios permitirá realizar tal tarea.

El apóstol Pablo ya había viajado a varias provincias, plantado iglesias, discipulado a los siervos de Dios y había llegado a ser uno de los líderes destacados entre los apóstoles. Sin embargo, Dios no había terminado con su siervo Pablo. Dios tenía otras cosas preparadas para él así como tiene muchas cosas preparadas para ti y para mí.

La obra es un toque específico de Dios para una obra específica y para una temporada específica de nuestras vidas.

Cuando hablo en este libro del título *¡Más de Jesús ¡Menos de Mí!* - Estoy hablando a un grupo de siervos que entienden el corazón de Dios con respecto a su invitación.

La invitación gira en torno a la idea de venir y caminar en el orden divino con el propósito de cumplir los deseos de Dios; este es el llamado más elevado.

Si un hombre permite que Dios lo alinee siendo sumiso al liderazgo del Espíritu, ¡este hombre, sin duda, se encontrará haciendo la obra!

CAPÍTULO 9

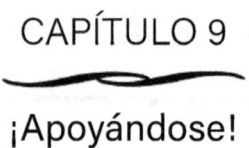

¡Apoyándose!

"Por la fe Jacob, al morir, bendijo a cada uno de los hijos de José, y adoró apoyado en la punta de su bastón". (hebreos 11:21)

¡Una Vida Llena de Desafíos!

Antes de desarrollar esta verdad, quiero tomarme un tiempo para decir que, al final de su vida, Jacob había experimentado muchos obstáculos. Algunos obstáculos eran internos y otros externos. Sin embargo, Jacob fue puesto a prueba severamente durante su vida.

La imagen que se nos mostró al final de su vida, cuando comenzó a bendecir a los hijos de José, fue la de apoyarse en un bastón en adoración.

Para algunos, un bastón puede no significar tanto como para Jacob. Este personal marcó la diferencia en su vida. Un bastón significará mucho para nosotros una vez que Dios también nos toque.

Los Comienzos de Jacob

"Esta es la genealogía de Isaac, hijo de Abraham. Abraham engendró a Isaac. Isaac tenía cuarenta años cuando tomó por mujer a Rebeca, hija de Betuel arameo de Padan-aram, hermana de Labán arameo. Ahora Isaac suplicó a Jehová por su mujer, porque ella era estéril; y Jehová concedió su súplica, y concibió Rebeca su mujer. Pero los niños luchaban juntos dentro de ella; y ella dijo: "Si todo está bien, ¿por qué soy así?" Entonces ella fue a consultar al Señor. Y el Señor le dijo:
"Dos naciones hay en tu vientre,
Dos pueblos serán separados de tu cuerpo;
Un pueblo será más fuerte que el otro,
Y el mayor servirá al menor".
Y cuando se le cumplieron los días para dar a luz, en verdad había gemelos en su vientre. Y el primero salió rojo. Era como un vestido peludo por todas partes; por eso llamaron su nombre Esaú. Después salió su hermano, y su mano

asió el calcañar de Esaú; por eso se llamó su nombre Jacob. Isaac tenía sesenta años cuando ella los dio a luz.

Entonces los niños crecieron. Y Esaú era hábil cazador, hombre del campo; pero Jacob era un hombre apacible que habitaba en tiendas. E Isaac amaba a Esaú porque comía de su caza, pero Rebeca amaba a Jacob.

Ahora Jacob preparó un guiso; y Esaú volvió del campo, y estaba cansado. Y Esaú dijo a Jacob: "Por favor, dame de comer ese mismo guisado rojo, porque estoy cansado". Por eso se llamó su nombre Edom.

Pero Jacob dijo: "Véndeme tu primogenitura a partir de este día".
Y Esaú dijo: "Mira, estoy a punto de morir; Entonces, ¿qué es para mí este derecho de nacimiento?
Entonces Jacob dijo: Júrame desde hoy.

Entonces él le juró y vendió su primogenitura a Jacob. Y Jacob dio a Esaú pan y guisado de lentejas; Luego comió y bebió, se levantó y se fue. Por eso Esaú menospreció su primogenitura". (Génesis 25:19-34)

¡Características de la Vieja Naturaleza, la Carne!

Al estudiar la vida de Jacob, aprenderemos que él verdaderamente fue un hombre que vivió para sí mismo; sí, un hombre que no se preocupaba por nadie más que por sí mismo. ¿Has conocido gente así? Estoy seguro de que sí.

El simple hecho de que fuera hijo de Isaac no lo hacía santo ni perfecto. Tratar de esconderse detrás del velo de la tradición familiar o del estatus religioso quedaría rápidamente expuesto.

En Lucas 6:41, la Escritura dice: **"Porque no el buen árbol da malos frutos, ni el árbol malo da buenos frutos. Porque cada árbol se conoce por su propio fruto".** (Lucas 6:43, 44)

Al considerar y evaluar tu vida durante los últimos años, ¿qué tipo de fruto has producido?

Para nosotros que hemos entregado nuestra vida a Jesús, debemos entender algunas cosas:

- De un pecador perdido, pasas a Cristo (salvación): este es el comienzo de tu vida en Dios.
- En segundo lugar, obtenemos la morada del Espíritu. Esta es la comprensión de que Dios vive en ti y tu vida es para Sus propósitos. (2 Corintios 5:15)
- En tercer lugar, recibir la llenura del Espíritu implica invitar a Dios a llenarte con Su Espíritu (aquí se obtienen dones espirituales, poder y autoridad).
- Luego, en cuarto lugar, viene la unción. Este es un momento en el que Dios unge tu vida para Su servicio. Es un toque de Dios servirle.
- El ministerio del fuego (consagración) habla de una vida entregada totalmente a Jesús y consagrada sólo para Dios.

Con suerte, estos pasos nos ayudarán a darnos cuenta de cuán serio será este estudio y cómo nos afectará.

El Quebrantamiento del "¡YO!" (Genesis 32:22-32)

Jacob fue marcado por Dios mientras vivía su vida. Él no era cualquiera; hubo un llamado divino sobre su vida. Otra cosa para notar acerca de alguien marcado por Dios es cómo Dios dirige sus vidas.

Por alguna razón, las personas a quienes Dios marca caminan por un camino diferente. Es el camino que pocos quieren tomar.

Ahora, las personas que recorren este camino sí entienden que Dios tiene asuntos pendientes con ellos. Dios está moldeando al hombre o a la mujer a Su semejanza y para Su uso.

"Y se levantó aquella noche y tomó a sus dos mujeres, a sus dos siervas y a sus once hijos, y cruzó el vado de Jaboc. Él los tomó, los envió al otro lado del arroyo y envió lo que tenía. Entonces Jacob quedó solo; y un hombre luchó con él hasta que rayaba el alba. Y cuando vio que no podía contra él, tocó la base de su cadera; y la cadera de Jacob se descoyuntó mientras luchaba con él. Y Él dijo: Déjame, que raya el alba.
Pero él dijo: "¡No te dejaré ir a menos que me bendigas!"
Entonces Él le dijo: "¿Cómo te llamas?"
Él dijo: "Jacob".
Y dijo: Ya no se llamará tu nombre Jacob, sino Israel; porque

habéis luchado con Dios y con los hombres, y habéis prevalecido".

Entonces Jacob preguntó, diciendo: "Dime tu nombre, te lo ruego".

Y Él dijo: "¿Por qué preguntáis por Mi nombre?" Y allí lo bendijo.

Entonces Jacob llamó el nombre de aquel lugar Peniel: "Porque he visto a Dios cara a cara, y mi vida está preservada". En el momento en que pasaba por Penuel, el sol salió sobre él y cojeaba de la cadera. Por eso, hasta el día de hoy, los hijos de Israel no comen el músculo que se contrajo, que está en la cadera, porque tocó la articulación de la cadera de Jacob en el músculo que se contrajo." (Génesis 32:22-34)

Observe cómo Jacob quedó solo; ésta es una característica de un hombre que está a punto de aprender los caminos de Dios. Dios llevará a este hombre a través del molino y pondrá a prueba su resolución, su llamado, sus emociones, su voluntad, etc. Todo lo que este hombre piensa será probado severamente, como Jacob.

Pelear con un ángel es una forma de luchar con Dios. Pone a

prueba nuestros miedos, pecados, ideas, ambiciones, planes y todo lo que consideramos sagrado más profundo. Dios probará todo esto y vencerá. Él no se detendrá hasta quebrarnos.

¡La Bendición de Una Dislocación!

La Escritura dice que el Señor bendijo a Jacob después de pelear con el ángel. La bendición llegó en forma de dislocación. Jacob ya no debía correr; ¡Ya no podía "lucirse"! Jacob ya no podía salirse con la suya en gran parte de lo que solía hacer antes de ser quebrantado.

Una vida de quebrantamiento es una vida que dice: *"Ya no quiero lo que quiero; ¡Quiero lo que Dios tiene reservado para mí!"*

Características de una vida transformada: Una vida totalmente dependiente de Dios.

- Dejarse llevar por el Espíritu Santo – ¡Una vida guiada por los deseos de Dios, sin importar cuáles sean!
- Camine en humildad – Dios siempre es primero.

- Caminar en rendición y rendición – No quiero hacer nada que venga de mí.
- Camine en obediencia. En una vida de obediencia, ¡nada es imposible si Dios me dice que lo haga!
- Vivir una vida de adoración – Esto tiene que ver con un corazón que anhela la presencia de Dios todo el día, por los siglos de los siglos. **"Como el ciervo brama por el arroyo de las aguas, así clama mi alma por ti".** (Salmo 42:1)

CAPÍTULO 10

"¡Moldéame a Tu Gusto, Oh Dios!"

Palabra que vino a Jeremías de parte del Señor, diciendo: "Levántate y desciende a la casa del alfarero, y allí te haré oír mis palabras". Luego bajé a la casa del alfarero, y allí estaba él, haciendo algo al torno. Y la vasija de barro que él hacía se estropeó en la mano del alfarero; Entonces volvió a hacerla en otra vasija, como al alfarero le pareció bien hacerlo. Entonces vino a mí palabra de Jehová, diciendo: Casa de Israel, ¿no puedo yo hacer con vosotros como este alfarero? dice el SEÑOR. "¡Mirad, como el barro está en la mano del alfarero, así estáis vosotros en mi mano, oh casa de Israel!" (Jeremías 18:1-6)

Al cerrar mi manuscrito sobre el quebrantamiento y el profundo deseo de agradar a Dios en todas las cosas, pensé en cómo el Señor nos enseña la obediencia a través de Su Palabra y se esfuerza por ilustrar el funcionamiento interno de Su Espíritu en lo profundo de nuestros corazones.

Cuando vivimos para el Señor, nunca debemos olvidar una cosa: Él no murió simplemente para salvarnos; También murió para usarnos como su boca, oídos, manos y pies. Somos genuinamente Sus representantes aquí en la tierra. Estamos siendo moldeados y formados a Su semejanza diariamente.

¡Cada prueba y tentación es una lección simple que nos pone bajo la prueba del Espíritu Santo mientras Él nos moldea a la semejanza de Cristo!

¡Obediencia en Las Cosas Más Pequeñas!

Era simplemente otro día típico en la vida del Profeta Jeremías cuando Dios lo llamó y le dijo: **"Levántate y desciende a la casa del alfarero, y allí te haré escuchar Mis palabras".**

Me sorprende pensar en este conjunto de instrucciones que Dios le dio a Jeremías. Dios no vino a hablar con él en su propia casa; el Señor necesitaba que Jeremías diera algunos pasos fuera de su entorno y visitara la casa del alfarero, pues allí sería donde Dios le hablaría.

¡Es crucial obedecer al Señor, incluso en las cosas más pequeñas! Verás, es avanzar en obediencia a los más mínimos gestos de Dios lo que nos conecta con las citas divinas.

Una tarde, mientras oraba, recuerdo que el Señor me habló acerca de asistir a una Conferencia Profética en Houston, Texas. Pensé para mis adentros: "¿Para qué? ¿Qué aprenderé o qué dirá otro profeta?" Mi actitud no era de expectativa por este evento; Sinceramente no quería asistir y Dios lo sabía.

El Señor procedió a buscarme y me dijo que una señal de que Él deseaba que yo estuviera allí era que me hablaría de una manera muy profética en la primera reunión la noche inaugural. Entonces sentí que el Señor quería que fuera, así que compré mis boletos de avión y de conferencia.

Cuando llegué al salón de conferencias, me inscribí y estaba lista para mi encuentro profético. La reunión comenzó y la adoración fue increíble; sin embargo, no experimenté ningún toque de Dios. El orador vino y compartió una Palabra poderosa y ministró a la gente, por lo que me armé de valor y fui al frente para orar. Quizás esta era la señal de la que Dios me había hablado. Mientras avanzaba para orar, tampoco sucedió nada espectacular. Finalmente, el anfitrión comenzó a orar por el fin de la reunión, diciendo: Nos vemos en la sesión de la mañana a las 9 am. Buenas noches.

Mientras tomaba mi Biblia de mi silla, me sentí descorazonado por no haber tenido la experiencia prometida por el Señor. ¡Estaba desconsolado! Mientras me dirigía a las mesas traseras donde estaban los libros y los CD, una hermana mayor en el Señor, probablemente de unos 90 años, me alcanzó y me dijo: Te he estado observando durante todo el servicio y el Señor quiere que sepas... Ella procedió a leer mi correo y profetizar de mi futuro en Dios. Fue tan poderoso, y las palabras del Señor a través de su sierva fueron tan penetrantes que pasé los siguientes 30 días teniendo visiones y sueños proféticos del Señor.

Comparto esta historia porque es posible que el Señor quiera hacer un trabajo profundo en tu vida y que des un pequeño paso de fe para que Él pueda poner las cosas en marcha. Pero si ignoramos Su consejo y no obedecemos, perderemos todo lo que Dios tiene para esta temporada.

Jeremías no quería perderse lo que Dios tenía, ¡así que fue a la casa del alfarero!

¡En La Casa del Alfarero!

Cuando Jeremías llegó a la casa del alfarero, éste estaba trabajando. Según el alfarero, era un día más en la oficina; pero para Jeremías, el mensaje fue de proporciones eternas.

Siempre experimentaremos a Dios desde el lugar de madurez espiritual en el que nos encontramos. Sentiremos, oiremos, veremos, sentiremos, oleremos y entenderemos a Dios, en base a nuestra postura espiritual en Él.

Jeremías vino para escuchar a Dios y ver a Dios obrar Sus misterios. Jeremías estaba a punto de ocupar los primeros asientos del espectáculo eterno de Dios.

¿Qué Está Haciendo Dios?

"...y ahí estaba él, haciendo algo..."

No sé ustedes, pero no parece mucho cuando Dios comienza a obrar en nuestras vidas. No sabemos qué quiere hacer con nosotros; por eso, Jeremías dijo: **"...y allí estaba, haciendo algo".**

Cuando se trata de Dios y la obra de Sus manos, las cosas generalmente se ven así: no hay forma, ni etiquetas, ni promesas, ni garantías, solo Dios obrando en nosotros. ¡Esto puede resultar muy caótico o confuso a veces!

Cuando Jeremías miró más de cerca, notó que el alfarero tenía una vasija de barro estropeada en sus manos. ¿Qué significa que se estropeó? La palabra estropeado significa ir a la ruina. Lo que trabajaba el alfarero era de barro; este vaso en su mano estaba arruinado, corrupto e inútil.

¡Otra Vasija!

"...entonces, volvió a meterse en otra vasija..."

Jeremías capturó el panorama completo. El alfarero entendió que la vasija de barro estaba arruinada, así que la transformó nuevamente en otra vasija.

A este profeta de Dios se le mostró la mente de Dios al observar al alfarero trabajando en su torno. Jeremías vio una vasija de barro estropeada y cómo el alfarero hacía una nueva. ¿Qué distinguió al segundo barco? La respuesta es: **"¡Al alfarero le pareció bien!"**

Dios apreciará nuestra obra en la carne, pero tendrá en alta estima la obra realizada en Su Nombre. Las tareas que Dios ordena de Su lista de prioridades reflejan lo que hay en Su corazón. Creo que Dios bendecirá nuestros esfuerzos de sacrificio, pero ¿por qué no participar en lo que Dios ya está bendiciendo?

Examinemos la frase **"Le pareció bien** [al alfarero]". Esta combinación de palabras significa lo siguiente: *ser liso, recto o correcto.* También se refiere a *un ojo.*

El alfarero continuó dando forma a la vasija de barro hasta que quedó lisa, recta y firme. Su ojo evaluó esto. Esto refleja lo que Dios hace con Su pueblo, a quien selecciona para cumplir Sus propósitos.

¡La Palabra del Señor está Confirmada!

"¡Mirad, como el barro está en la mano del alfarero, así estáis vosotros en mi mano, oh casa de Israel!"

Dios tenía la intención de revelar a su profeta sus pensamientos y emociones con respecto a su amor por su pueblo. Le permitió a Jeremías comprender lo que Dios estaba tratando de lograr con Israel.

También está claro que estamos trabajando en nosotros, el cuerpo de Cristo. ¡Dios está obrando dentro de nosotros para ayudarnos a prestarle un servicio más excelente!

¡Es Hora de Que Me Moldees Dios!

Actitud de la Mente. He escuchado a líderes de iglesias decir que a veces la gente "¡no lo entiende!" Esto indica que el líder percibe las situaciones desde una perspectiva, mientras que el seguidor (miembro de la iglesia) las ve desde otra. Lo primero que hay que considerar es que el pastor o líder opera en un nivel (espiritual) diferente, y el seguidor, como puedes imaginar, opera en un nivel (espiritual) menor.

Todos los siervos del Señor deben encarnar una mentalidad de humildad en lugar de orgullo y adoptar un corazón de aprendiz en lugar de una actitud arrogante. De hecho, esta mentalidad debe transformarse en la de un siervo humilde que busca aprender de Dios.

Actitud del Corazón – El corazón de un siervo que anhela agradar a Dios debe estar siempre abierto, sensible y atento al corazón de Dios. Saber cómo se siente el Señor respecto a un tema es algo valioso que ganar; También es beneficioso comprender por qué el Señor Jesús lloraría por un asunto. Escuche el corazón de Dios apoyándose en él mientras ora.

Obediencia Rápida. Se debe entender este problema de la obediencia. Cuando Dios nos pide que hagamos algo por Él, no podemos demorarnos, tener doble ánimo o ser negligentes al actuar. Cuando Dios nos dice algo, por lo general significa ahora, no mañana, el día siguiente o el siguiente.

¡Cueste lo que cueste! – La vida puede ser costosa, entonces, ¿qué haremos cuando Dios llame a la puerta y nos pida: "Dame toda tu vida?" Esto presenta un desafío importante para cualquiera. Sin embargo, el siervo que desea agradar a Dios siempre necesitará esforzarse para que Su voluntad se cumpla dentro de ellos. Servir a Jesús es ciertamente costoso; ¡Por costoso me refiero a tener la voluntad y la actitud para considerar todo lo que aprecias como "precioso" y verlo como una pérdida! Nada menos que este tipo de sacrificio servirá.

Adoración: ¡Él es digno de todo! El siervo de Jesús que entiende el corazón y los propósitos de Dios vivirá una vida de adoración. Él o ella verá su vida en general como una vida de ofrenda al Señor. La vida diaria es sólo otro conjunto de horas en las que pueden adorar al Rey de Gloria con todo su ser. Ya sea con talentos, habilidades, dinero, canciones o testimonios diarios, ¡el siervo fiel de Dios siempre lo verá como adoración a Jesús!

CONCLUSIÓN

"¡Oh, Dios, No Quiero Ser Nada Grande!"

"Tú, por tanto, debes soportar dificultades como buen soldado de Jesucristo. Nadie que milita se enreda en los asuntos de esta vida, para agradar a aquel que lo tomó por soldado". (2 Timoteo 2:3, 4)

En mi viaje con Dios, he aprendido algunas cosas que me han preparado mejor para caminar con pasión y compromiso hacia Él. Vivir la vida que Dios requiere es nada menos que un desafío.

A veces, el desafío tiene más que ver conmigo que con cualquier cosa externa que se me presente. Por ejemplo, al agradar a Dios, me encantaría vivir una vida de obediencia y libre de egoísmo, tentación y pecado. ¿Quién no?

Para alguien que ama a Dios, nada es más descorazonador que quebrantar Su corazón por mi constante desobediencia, mi constante rebelión o rebelión pasiva, mis crecientes pasiones egoístas y mis batallas anímicas latentes.

Le pregunté a mi mentor (que en ese momento tenía alrededor de 70 años) si todavía luchaba con asuntos de la carne, como la tentación, la lujuria, la envidia, los celos, el miedo, la duda, la desobediencia, los deseos carnales, la ira, la rabia y el egoísmo.

Su respuesta fue un rotundo "¡sí!"

Yo era joven en el Señor y apenas entraba al ministerio. Aun así, su respuesta revolucionó mi devoción de estar siempre lleno del fuego del Espíritu Santo para no terminar siendo frío e indiferente hacia mi Señor y Dios.

La Batalla de La Oración

La batalla de cada siervo de Dios será una batalla de intensa búsqueda de Dios. No digo esto a la ligera o con indiferencia. Si el soldado de Jesús ha de sobrevivir en la batalla para agradar a Dios con las tareas encomendadas o para vencer a sí mismo y al pecado, debe permanecer siempre postrado ante Dios.

Mi pastor me dijo después de reunirse para orar temprano una mañana: David, el Señor me mostró que si vamos a avanzar en la batalla y tomar el campamento de los enemigos, debemos arrastrarnos y avanzar poco a poco. ¡No te atrevas a levantarte y correr o te dispararán! ¡Debemos aprender a gatear si queremos avanzar!

En otro momento santo, mientras oraba temprano en la mañana con mi pastor, mientras trabajábamos en ferviente oración e intercesión, me tranquilicé para escuchar a mi pastor orar en el altar. Su oración continuó: "¡Señor, no quiero ser nadie grande! Sólo hazme un soldado en tu ejército. Iré y haré todo lo que me pidas. "¡Por favor, Señor, ¡no me dejes ser nada grande!"

¡Si Caes En Una Batalla!

Habrá muchas batallas en la guerra por las almas de la humanidad perdida. Sí, me escuchaste correctamente; ¡Hay muchas batallas! Algunas batallas serán fáciles de superar; Otras batallas serán muy desafiantes y otras se perderán.

¿Qué haces como soldado al que le han disparado? Te levantas y sigues caminando. Te sacudes, te restauras, te curas o estás bajo el cuidado de alguien hasta que estás listo para seguir luchando. La cuestión es que hay muchas batallas en una guerra. ¡La guerra no terminará hasta que termine! ¡Sigue luchando hasta que termine la guerra! Si te caes, vuelve a levantarte: ¡la guerra no ha terminado! ¡Levántate en el Nombre de Jesús! ¡Yo digo levántate!

Amigos míos, he llegado al final de este manuscrito y mi corazón no anhela nada más que estas notas para encender vuestras vidas. Que tu corazón arda con santa pasión y entre en la realidad que dice: *"¡Él debe crecer, pero yo debo disminuir!"*

PARA ORDENAR MAS LIBROS
ESCRITOS POR DAVID MAYORGA
FAVOR DE VISITAR LA PAGINA:

www.shabarpublications.com